_______________ 님의 소중한 미래를 위해

이 책을 드립니다.

메타버스 초보자가 가장 알고 싶은 최다질문 TOP 45

메타버스와 NFT 세상에서 일하고 돈 벌기

메타버스 초보자가 가장 알고 싶은 최다질문 TOP 45

이승환 지음

메이트북스

메이트북스 우리는 책이 독자를 위한 것임을 잊지 않는다.
우리는 독자의 꿈을 사랑하고,
그 꿈이 실현될 수 있는 도구를 세상에 내놓는다.

메타버스 초보자가 가장 알고 싶은 최다질문 TOP 45

초판 1쇄 발행 2022년 6월 15일 | **지은이** 이승환
펴낸곳 ㈜원앤원콘텐츠그룹 | **펴낸이** 강현규 · 정영훈
책임편집 안정연 | **편집** 박은지·남수정 | **디자인** 최정아
마케팅 김형진 · 서정윤 · 차승환 | **경영지원** 최향숙 | **홍보** 이선미 · 정채훈
등록번호 제301-2006-001호 | **등록일자** 2013년 5월 24일
주소 04607 서울시 중구 다산로 139 랜더스빌딩 5층 | **전화** (02)2234-7117
팩스 (02)2234-1086 | **홈페이지** matebooks.co.kr | **이메일** khg0109@hanmail.net
값 19,000원 | ISBN 979-11-6002-375-6 03320

우리는 현재의 2D 인터넷 세상보다
3D 가상세계에서 더 많은 시간을 보내게 될 것이다

• 제임스 해밀턴(미래학자) •

이제 인터넷의 다음 버전인 메타버스 시대입니다

1995년 빌 게이츠는 TV 토크쇼의 전설 <데이비드 레터맨 쇼>에 출연해 다음과 같은 질문을 주고받습니다.

데이비드 레터맨 : 인터넷이 뭔가요?

빌 게이츠 : 인터넷은 사람들이 정보를 게시하고 누구라도 홈페이지를 만들 수 있는 공간입니다. 그곳에서는 최신 기업정보도 얻을 수 있고 전자우편도 보낼 수 있습니다. 정말 대단하고 새로운 거죠(Big New Thing)!

데이비드 레터맨 : 잘 이해하지 못하면 비판하기 쉽겠다, 그게 제 입장입니다. 얼마 전 인터넷인가 컴퓨터에서 야구 경기를 중계한다는 획기적인 발표가 있었는데 라디오로 들으면 되지 않나, 이런 생각이 들더군요.

빌 게이츠 : 차이점이 있는데요, 인터넷에서는 야구 경기를 듣고 싶을 때 아무 때나 들을 수 있어요.

데이비드 레터맨 : 아, 메모리인지 뭔지 그런 곳에 저장해놓는다는 거죠. 혹시 녹음기라고 들어보셨나요? 이해가 안 되네요. 제가 정말 아는 게 없으니 설명을 해주세요. 제가 놓치고 있는 게 무엇인가요? 제가 뭘 알아야 하나요?

빌 게이츠 : 만약 당신이 최신형 시가 담배나 자동차 경주, 통계에 대해 배우고 싶다면 인터넷을 활용할 수 있어요.

데이비드 레터맨 : 전 모터스포츠 전문 잡지 2가지를 구독하고 있고, 기업에 직접 전화해서 모르는 걸 물어봐요. 인터넷에는 새로운 정보가 있다는 건가요?

빌 게이츠 : 인터넷에서 당신처럼 특이한 관심사를 가진 다른 사람들을 찾을 수도 있어요.

데이비드 레터맨 : 아, 그 혼자 있기 좋아하는 문제아들이 모여 있는 채팅방을 말씀하시는 건가요?

27년 전의 이 대화를 지금 듣고 있으면 데이비드 레터맨의 말에 웃음을 짓게 됩니다. 하지만 당시에는 반대였죠.

"인터넷은 혁명인가요?"

제가 여러분께 질문을 드리면 아마 "인터넷은 혁명이죠!"라고 대부분 대답하실 겁니다. 오랜 시간 우리는 인터넷을 사용해왔으며 혁신 서비스가 등장했고 우리의 일상과 일하는 방식, 놀이 문화가 바뀌었습니다. 돈을 버는 방식도 바뀌었지요.

질문을 하나 더 드려보겠습니다.

"인터넷이 뭔가요?"

이 질문에 많은 분이 당황하시거나 "인터넷은 페이스북이죠" "인터넷은

OSI 7계층, TCP/IP 4계층이죠" "인터넷은 디지털 연결이죠" 등 다양한 답변을 해주십니다. 오랫동안 사용했고 세상을 바꾼 혁명인데 막상 설명하려면 쉽지 않고, 설명을 들어도 왠지 부족하게 느껴집니다. 머릿속이 복잡해집니다. 그만큼 인류에게 큰 변화를 가져온 혁명이기 때문일 겁니다.

인터넷의 다음 버전(Next Version of Internet)인 메타버스(Metaverse) 시대가 열리고 있습니다. 물리적으로 떨어져 있는 사람들이 만날 수 있는 다양한 가상공간(Virtual space)들이 만들어지고 그 안에서 우리는 기존의 문자(Text), 이미지(Image), 비디오(Video)를 중심으로 연결되어 있던 2차원의 디지털 세상을 넘어 3차원 공간에서 공존감을 느끼며 새로운 가치를 만들어낼 수 있습니다.

메타버스 혁명으로 우리의 출근길과 돈을 버는 방식도 달라지고 있습니다. 메타버스에서 일하며 제주도에서 한 달 살기를 하는 직원도 있고, 비전공자임에도 메타버스 안에서 자신의 상상을 구현하는 스튜디오(STUDIO)라는 도구를 활용해 가상 패션디자이너, 게임제작자, 메타버스 드라마제작자 등 기존에 없던 직업으로 돈을 벌고 가상창업도 하고 있습니다. 기존의 기준이나 해석이 적용되지 않는 특이한 일들이 생기고 있는 거죠. 가상공간에 특이점(Singularity)이 오고 있고, 이러한 변화는 더욱 가속화될 것입니다.

『메타버스 비긴즈(BEGINS)』 발간 이후, 수많은 강연과 세미나, 자문, 기고를 통해 다양한 분야에 계시는 많은 분을 만났습니다. 메타버스라는 하나의 주제로 모든 연령대, 시민부터 전문가까지 전 산업 분야의 많은 분과 소통할 수 있다는 사실이 놀라웠습니다. 그 안에서 말이나 글로 표현할 수 없는 값진 경험을 했으며, 지금도 하고 있습니다. 소통의 과정에서 "메타버스가 뭔가요?" "지금 인터넷으로도 충분하지 않나요?" "메타버스에서 어떻게 일을 하죠?" 등 수많은 질문을 받았는데요, 그중 가장 많이 받은 질문을 엄선해서 이 책을 집필하게 되었습니다. 이 책을 통해 메타버스를 조금 더 쉽게 이해할 수 있기를, 또 그 안에서 생겨나는 새로운 기회가 여러분과 함께하기를 기원합니다.

이 책이 나오기까지 많은 도움을 받았습니다. 책의 기획부터 편집까지 도와주신 메이트북스의 관계자분들, 항상 새로운 영감으로 제가 한 걸음씩 나아갈 수 있도록 도와주시는 KAIST·한양대학교 지도교수님과 동료분들, 함께 연구하고 토론해주시는 소프트웨어정책연구소·삼성글로벌리서치(전 삼성경제연구소)·KT, 한국전자통신연구원·일상공감·종로 203호 동료 여러분, 질문을 주시고 함께 논의해주신 수많은 분께 감사의 말씀을 전합니다.

마지막으로 항상 사랑과 희생으로 함께해주시는 부모님, 장모님, 형제들과 매형, 조카들에게 감사드리고, 때론 고되고 즐거운 인생길을 함께해주는 아내 지연이와 메타버스 시대 주인공이 될 딸 윤아에게 사랑한다는 말을 해주고 싶습니다.

이승환 드림

차례

1장 디지털 우주로 정의되는 메타버스 세계

2장 메타버스와 NFT의 만남

3장 메타버스로 출근하는 기업들

4장 메타버스와 NFT 세상에서 돈 버는 법

5장 메타버스와 NFT 기업전략과 투자

METAVERSE

디지털 연결방식이 텍스트, 이미지, 영상에서 가상공간(Virtual space)으로 진화하고 있습니다. 지능화된 가상공간에서 기존 연결방식의 한계가 극복되고 있으며, 앞으로 우리는 가상공간에서 많은 시간을 보내고 그 안에서 새로운 혁신이 시작될 것입니다. 메타버스는 가상과 현실이 융합된 공간에서 사람과 사물이 상호작용함으로써 다양한 가치가 창출되는 세상으로, 디지털 우주로 정의할 수 있습니다. 메타버스 태풍의 전조가 될 중요한 플랫폼과 기기들이 계속 등장하며 새로운 변화를 예고하고 있습니다. 메타버스 플랫폼과 기기들이 경제·사회 전반에 영향을 미치고 기존에 없던 수익모델을 만들면서 경쟁 구도는 바뀌게 될 것입니다.

1장

디지털 우주로 정의되는 메타버스 세계

메타버스 시대, 우리가 연결되는 방식이 어떻게 바뀌나요?

디지털 연결방식이 텍스트, 이미지, 영상에서 가상공간으로 진화하고 있습니다. 진화된 가상공간에서 기존 연결방식의 한계가 극복되고 있으며, 앞으로 우리는 가상공간에서 많은 시간을 보내고 그 안에서 새로운 혁신이 시작될 것입니다.

전 세계 인구가 79억 명이고, 그중에서 52억 명은 인터넷을 사용하고 있습니다. 디지털로 연결이 되어 있죠. 쉽게 표현하면 데이터를 주고받을 수 있다는 것입니다.

데이터의 최소 단위는 비트(bit)입니다. 비트는 0 아니면 1이고, 비유하자면 점(點)과 같습니다. 비트가 하나만 존재하면 크게 의미가 없습니다. 하지만 점이 모이면 선(線)이 되죠. 비트의 조합을 통해 우리는 텍스트를 전달할 수 있습니다. 그리고 아날로그 음성을 디지털로 바꿀 수도 있죠. 이것이 우리가 연결되는 가장 기본적인 방식인 문자와 음성입니다. 이제 선이 모이면 면(面)을 이루게 됩니다. 우리는 사진을 찍거나, 영상을 만들고 공유하기도 합니다.

SNS로 연결된 비트(bit)

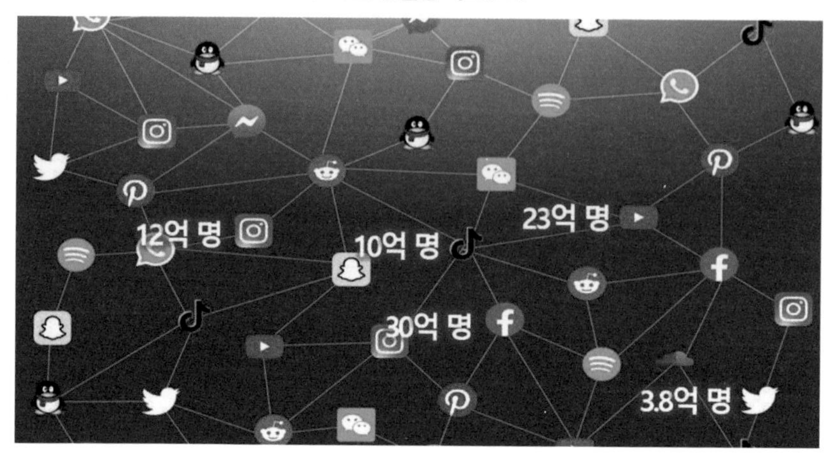

전 세계에 존재하는 웹사이트 수는 19억 개나 됩니다. 대부분의 웹사이트는 점과 선 그리고 면으로 구성되어 있죠. 우리는 PC와 노트북을 통해 다양한 웹사이트를 돌아다니며 누군가에게 메시지를 전달하고 이야기하고 물건을 사기도 합니다.

그리고 이동하면서도 서로 데이터를 주고받습니다. 사진 등을 공유하는 인스타그램 사용자는 12억 명이고, 영상을 공유하는 유튜브 사용자는 23억 명입니다. 그리고 텍스트와 사진, 영상을 공유하는 페이스북은 30억 명이 사용하고 있죠. 이외에도 수많은 SNS 서비스들이 존재하고 우리는 이를 통해서 소통하고 있습니다.

이처럼 현재 우리는 점과 선 그리고 면, 즉 텍스트, 음성, 이미지, 영상을 활용해 연결되어 있다고 볼 수 있습니다. 비트의 탄생과 함께, 이 비트를 유선으로 주고받으면서 인터넷 혁명이 시작되었습니다. 그리고 이동하면서

현재의 디지털 연결방식

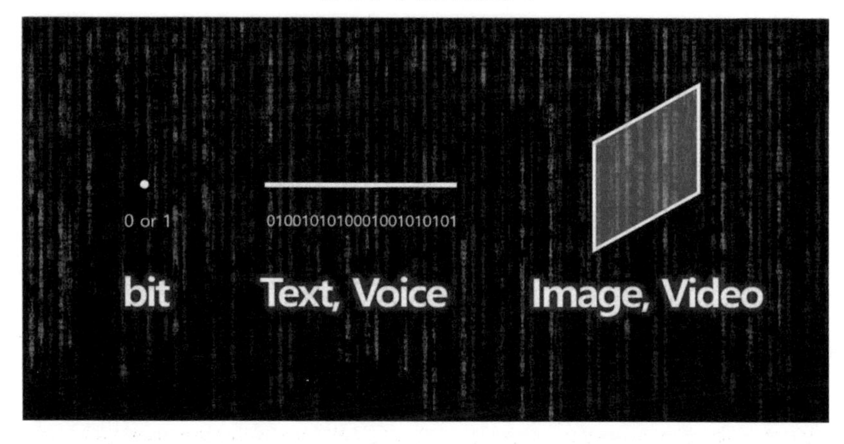

비트를 주고받게 되는 모바일 혁명으로 이어졌죠. 우리는 인터넷과 모바일로 연결되면서 편하게 소통하게 되었습니다.

하지만 이 연결방식에는 한계점도 존재합니다. 텍스트를 보내고 나면 다음 텍스트를 기다려야 하고, 회신이 없으면 어떠한 상황인지 알 수가 없습니다. 연결은 되어 있지만 같이 있다는 느낌, 즉 공존감을 느끼기 어렵고, 함께 물리적인 행동을 할 수도 없습니다. 우리는 오프라인에서 만나 아무 말을 하지 않아도 그 사람의 행동, 표정 등을 통해 상황을 이해하고 해석할 수 있습니다. 이것이 바로 공간이 가진 힘이죠. 코로나19로 인해 점과 선, 면의 연결은 한계점을 드러내기 시작했습니다.

대표적인 예가 바로 '줌 피로(Zoom Fatigue)'인데, 사람들이 화상회의를 많이 하면서 피로감을 느끼게 되는 현상입니다. 스탠퍼드대학교의 제러미 베일렌슨 교수는 연구를 통해 화상회의로 인한 피로 발생 원인을 제시했는데요, 비대면인 만큼 카메라를 보고 상대방과 시선을 마주치는 것으로 자신

줌(Zoom)을 활용한 화상회의

자료: Zoom

이 상대에게 주의를 기울이고 있음을 보여주어야 하지만 한 화면에서 여러 사람과 동시에 마주 봐야 하는 것은 매우 부담스럽고 힘들다는 것입니다. 그리고 화면 속 모두가 나를 쳐다보는 것처럼 느껴져 뇌의 피로도가 더 상승하고, 화면에 비친 피사체가 클수록 물리적 거리가 가깝게 느껴져 긴장감이 높아진다고 합니다. 실제 오프라인 공간에서 만나면 이러한 문제는 대부분 해결됩니다.

이제 글로벌 혁신기업들은 점과 선, 면을 넘어선 새로운 연결점을 찾고 있습니다. 바로 가상공간(Virtual space)입니다. 면이 모이면 공간을 만들게 되죠. 가상공간에서 실제 오프라인에서 만나는 것과 같은 공존감을 느끼며 우리가 연결된다면 기존의 연결에서 생겼던 문제들을 해결하면서 새로운 가치들을 만들 수 있습니다.

엔비디아의 최고경영자(CEO) 젠슨 황은 "메타버스가 오고 있으며, 지

MS 메쉬(Mesh)를 통한 가상공간에서의 연결

자료: MS

난 20년이 놀라웠다면, 다음 20년은 공상과학 같을 것"이라고 언급하며 옴니버스(Omniverse)*를 발표했습니다. 옴니버스는 현실과 같은 가상공간을 만드는 저작도구입니다.

옴니버스(Omniverse)

엔비디아가 개발한 실시간 3D 시각화 협업 플랫폼

미래학자 제임스 헤밀턴은 "우리는 현재의 2D 인터넷 세상보다 3D 가상세계에서 더 많은 시간을 보낼 것"이라 말했고, 유니티 CEO 존 리치텔로는 "현재 전 세계 콘텐츠 중에서 3D가 차지하는 비중은 3~4%에 불과하지만 향후 50%를 넘을 것"이라고 전망했습니다. 우리는 앞으로 지능화된 가상공간에서 많은 시간을 보내며 상상을 초월한 경험을 하게 될 것입니다. 그리고 이 가상공간에서 메타버스 혁명이 시작됩니다.

메타버스의 정의는 무엇인가요? 정의가 너무 많아서 헷갈려요!

메타버스는 하나의 합의된 정의가 존재하지 않지만, 글로벌 메타버스 선도기업들의 정의를 요약하면, 메타버스는 가상과 현실이 융합된 공간에서 사람과 사물이 상호작용을 통해 다양한 가치가 창출되는 세상, 디지털 우주로 정의할 수 있습니다.

메타버스는 '초월'을 의미하는 메타(Meta)와 '세계'를 의미하는 유니버스(Universe)의 합성어로, 단어의 의미 자체로만 보면 '초월적 세상'이라는 뜻입니다. 현재 메타버스에 대한 하나의 합의된 정의는 없고, 목적에 따라 다양하게 해석되고 있습니다.

100명에게 메타버스가 무엇인지 물어보면 아마도 비슷한 듯 조금씩 다른 답변을 듣게 되실 겁니다. 이에 메타버스를 정의하기 위해서, 현시점에서 효과적인 방법은 현재 글로벌 메타버스 생태계를 선도하고 있는 기업들이 메타버스의 개념을 어떻게 정의하고 있는지 살펴보고 이를 종합하는 것입니다. 4대 글로벌 메타버스 선도 기업들의 메타버스에 대한 정의를 살펴보도록 하죠.

메타(Meta)의 메타버스에 대한 정의

> ## What Is the Metaverse?
>
> The “metaverse” is a set of virtual spaces where you can create and explore with other people who aren’t in the same physical space as you. You’ll be able to hang out with friends, work, play, learn, shop, create and more. It’s not necessarily about spending more time online — it’s about making the time you *do* spend online more meaningful.

자료: 메타(Meta)

첫 번째 기업은 메타(Meta)입니다. 페이스북은 사명을 메타로 변경했습니다. 메타버스 사업에 누구보다 진심이고 적극적인 기업이죠. 메타는 사명을 변경한 날에 자신들이 생각하는 메타버스의 정의와 미래상을 제시했습니다.

먼저 메타는 메타버스를 ‘가상공간의 집합체’로 표현했습니다. 점과 선, 면에 이은 새로운 디지털 연결점 가상공간(Virtual space)에 주목하고 있습니다. 이러한 가상공간이 하나가 아니라 무수히 많아 집합체를 이룬다는 것이죠. 메타는 가상공간을 구체적으로 ‘물리적으로 떨어져 있는 사람들이 함께 있을 수 있는 곳’이라고 설명하고 있습니다.

그리고 사람들은 무수히 많은 가상공간에서 다양한 활동을 하는데, 예를 들면 친구를 만나고 일하고 놀고 배우고 쇼핑하고 무엇인가를 만든다는 거죠. 즉 메타가 생각하는 메타버스는 ‘서로 다른 물리적 공간에 있는 사람들이 함께 상호작용을 할 수 있는 가상공간의 집합체’입니다.

메타의 가상공간에서 상호작용하는 모습

자료: 메타

두 번째 기업은 MS(Microsoft)입니다. MS는 메타버스를 '사람과 사물의 디지털 표현이 가능한 디지털 공간'으로 정의하고 있습니다. 지금까지도 사람들은 텍스트, 이미지, 영상 등을 활용해서 디지털 표현을 해왔지만 앞으로 디지털 공간에서 현실에서처럼 자연스러운 표현이 가능해지도록 한다는 것이죠. 그리고 MS는 메타버스를 새로운 버전(Version), 또는 새로운 비전(Vision)의 인터넷이라 표현했습니다. 기존 2D 기반의 인터넷을 넘어 새로운 버전인 가상공간으로 진화하고 거기에 새로운 인터넷의 비전이 있다는 의미로 해석해볼 수 있습니다.

그리고 MS는 자신들의 메타버스 플랫폼인 메쉬(Mesh)*의 중요한 3가지 특징을 제시했습니다. 첫 번째는 실재감(Feel

메쉬(Mesh)

MS가 개발한 혼합현실(Mixed Reality) 플랫폼으로, 이를 통해 물리적으로 떨어진 사람들이 가상과 현실이 융합된 공간에서 만나 다양한 협업이 가능

MS Mesh의 특징

자료: MS

presence)입니다. 가상공간에서 시선을 마주치고 표정을 인식하며 행동을 할 수 있도록 한다는 것이죠. 두 번째는 가상공간에서 함께 다양한 상호작용과 경험을 할 수 있도록 한다는 것이며, 세 번째는 다양한 방식을 통해서 제약 없이 가상공간에 접속할 수 있게 한다는 것입니다.

세 번째 기업은 메타버스로 주목받고 있는 엔비디아(NVIDIA)입니다. 엔비디아는 메타버스를 '상호작용하고 몰입하며 협업할 수 있는 공유 가상 3D 세계'로 정의하고 있습니다. 그리고 "상호 연결된 서로 다른 세계가 모여 실제 우주를 구성하듯 메타버스는 서로 다른 가상세계의 집합으로 구성된다"라고 표현했습니다. 메타가 설명한 가상공간의 집합체와 의미가 같다고 할 수 있죠.

네 번째 기업은 유니티(Unity) 입니다. 유니티 CEO인 존 리치텔로는 메타버스를 "다양한 사람들이 운영하는 공간 속을 서로 방문하며 살아가는 일종의 소우주"라고 표현했습니다. 한마디로 디지털 우주라고 할 수 있겠죠. '다양한 사람들이 운영하는 소우주'라는 말은 가상공간의 집합체와 연결된다는 의미이고, '서로 방문하며 살아간다'는 말은 다양한 상호작용이 있다는 의미일 것입니다.

글로벌 메타버스 생태계를 선도하고 있는 4대 기업들은 메타버스를 조금씩 다르게 표현하지만 공통된 맥락이 있습니다. 메타버스는 가상공간의 집합체이고, 상호작용을 통해 다양한 가치가 창출되는 세상이라는 것이죠. 요약하면 메타버스는 '가상과 현실이 융합된 공간에서 제약 없는 상호작용을 통해 다양한 가치가 창출되는 세상, 디지털 우주'라고 할 수 있습니다.

메타버스가 근래 뜨겁게 주목받는 이유는 무엇인가요?

코로나19로 인한 가상공간의 필요성 증대, 메타버스 크리에이터들의 등장과 새로운 수익모델의 부상, 고도화된 메타버스를 만들 수 있는 기술의 진화로 메타버스가 많은 관심을 받고 있습니다.

메타버스가 주목받는 이유에는 사회·경제·기술적 요인이 있습니다. 첫째, 사회적인 요인은 코로나19입니다. MS(Microsoft) CEO인 사티아 나델라는 코로나19로 인해 2년이 걸릴 디지털 전환(Transformation)이 지난 2개월 만에 이루어졌으며, 조직은 모든 것을 원격으로 전환하는 능력이 필요하게 될 것이라고 언급했습니다. 재택근무와 비대면이 일상화되면서 자연스럽게 가상공간의 수요가 늘어났습니다.

가상공간에서 소통하고 일하는 메타버스 서비스 게더타운(Gather town)은 2020년 5월 출시 후 1년 만에 400만 가입자를 모집했고, 2021년 말에는 1천만 명을 넘어섰습니다. 창업 1년 만에 기업가치는 2.3조 원에 이르렀습니다. 비대면 수요를 충족시킬 새로운 대안으로, 시공간 제약을 뛰어넘는

게더타운(Gather town)

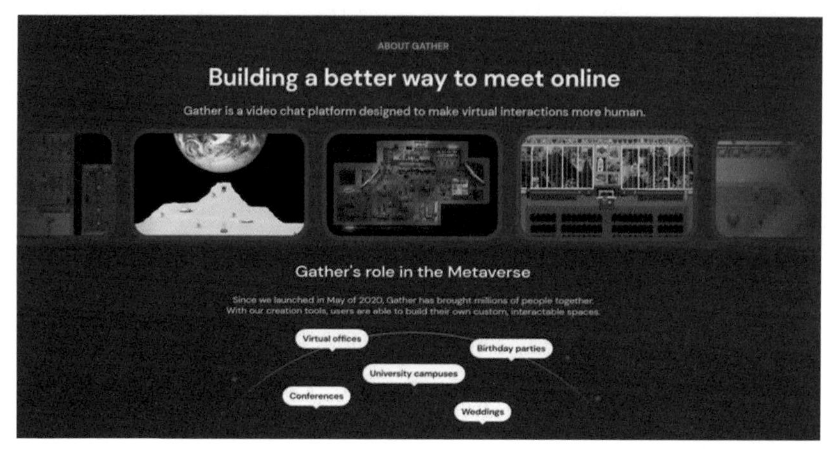

자료: Gather town

확장성과 현실감을 갖는 메타버스에 대한 관심이 증가한 것입니다. 기존에 현실에서 이루어졌던 다양한 사회·경제적 활동들이 메타버스 공간으로 확장되어가고 있습니다.

둘째, 경제적 측면에서는 메타버스 크리에이터들이 새로운 경제 주체로 부상하며 다양한 수익모델을 만들어가고 있습니다. 로블록스, 제페토 등 다양한 메타버스 공간에서 크리에이터들이 스튜디오(STUDIO)와 같은 디지털 재화를 제작하는 도구를 활용해서 게임이나 디지털 아이템 등 다양한 디지털 자산을 만들고 판매해 실제 수익을 창출하고 있습니다. 이러한 경제활동이 가능한 메타버스가 계속 생겨나고 그 안에서의 수익모델도 다변화되어가고 있습니다.

이러한 변화를 이끌어나가는 중심에는 MZ세대*가 있습니다. 디지털 소통에 익숙하고 개인의 취향을 중시하는 MZ세대를 중심으로 메타버스가 급

부상하고 있습니다. MZ세대가 가상세계에서 많은 시간을 보내며 생산과 소비의 핵심주체로 자리매김하고 있는 것입니다. 미국의 16세 미만 중 55%가 로블록스를 이용하고 있고, 제페토의 경우 80%가 10대입니다.

> **MZ세대**
>
> 1980년대 초반부터 1990년대 후반 출생한 '밀레니얼 세대'와 1990년대 후반부터 2000년대 초반 출생한 'Z세대'를 통칭하는 말

셋째는 기술적인 요인입니다. 다양한 기술의 발전으로 고도화된 메타버스를 만들 수 있는 토대가 마련되었습니다. 네트워크 전송속도는 계속 빨라지고 있는데, 모바일의 경우 5G가 상용화되면서 기존 4G보다 약 20배 빠른 데이터 전송이 가능하게 되었습니다.

빠른 데이터 전송이 가능해지면서 XR(eXtended Reality) 기술로 더욱 몰입감이 있는 가상공간을 만들 수 있게 되었고, 인공지능 기술의 발전으로 가상공간은 더욱 지능화되어가고 있습니다. 그 안에서 우리는 가상인간을 만나 상호작용할 수도 있습니다.

또한 클라우드, 블록체인 등 데이터 기술의 발전으로 인해서 보다 효율적으로 가상공간을 만들고, 블록체인 기술을 활용한 NFT(Non-Fungible

출생 시기에 따른 세대 구분과 특징

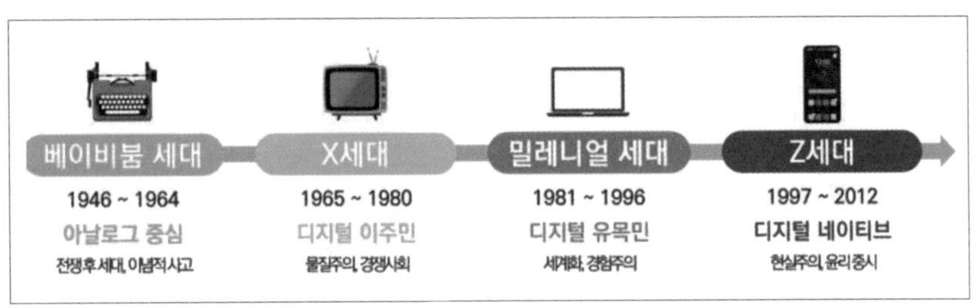

자료: 범부처 메타버스 신산업 선도전략(2022)

Token)를 내가 제작한 디지털 자산과 결합해 내가 만든 원본임을 증명할 수도 있게 되었습니다. 과거에는 불가능했으나, 이제는 몰입감 있고 지능화된 가상공간에서 나의 소유를 증명할 수 있게 되면서 메타버스가 더욱 주목을 받고 있습니다.

메타버스는 지나가는 트렌드, 혹은 찻잔 속의 태풍이 아닐까요?

메타버스 태풍의 전조가 될 중요한 플랫폼과 기기들이 계속 등장하며 새로운 변화를 예고하고 있습니다. 메타버스 플랫폼과 기기들은 경제사회 전반에 영향을 미치며 기존에 없던 수익모델을 만들고, 경쟁 구도는 바뀌게 될 것입니다.

까치는 태풍을 예측한다고 합니다. 중국 명나라의 약학서 『본초강목』에 "까치는 바람을 예측하는데, 많은 바람이 예상되면 낮은데 집을 짓는다"라는 기록이 있습니다. 까치의 행동에서 태풍의 전조(前兆)를 알 수 있는 거죠. 모바일 혁명의 시대에도 이러한 전조는 있었습니다. 돌이켜보면 2007년이 그러한 해였습니다. 그해 애플의 아이폰이라는 기기와 운영체제 iOS, 앱스토어라는 거래 플랫폼이 등장했지요. 구글의 운영체제 안드로이드도 발표되었고, 거래 플랫폼 안드로이드 마켓의 출시도 이어졌습니다. 태풍은 몰아쳤고, 이를 '찻잔 속의 태풍'이라 생각했던 노키아는 사라졌습니다. 새로운 강자가 등장했고 시장은 재편되었습니다.

메타버스 시대에도 모바일 혁명처럼 새로운 변화를 가져올 플랫폼과 기기들이 등장하는 전조가 있는지 확인해볼 필요가 있을 것 같습니다. 2020년 10월 엔비디아의 CEO 젠슨 황은 옴니버스(Omniverse)라는 플랫폼을 발표하며 "메타버스가 오고 있다"고 언급했습니다. 옴니버스는 현실의 물리법칙을 가상공간에 그대로 구현할 수 있는 저작 플랫폼입니다. 옴니버스를 활용하면 초현실적인 가상공간을 더 쉽게 만들 수 있어 BMW, 에릭슨 등 많은 글로벌 기업들이 이미 옴니버스를 활용하고 있습니다.

엔비디아의 옴니버스는 〈타임〉 지의 '2021년 최고의 발명(The 100 Best Inventions of 2021)' 중 하나로 선정되기도 했습니다. 또한 2021년 11월 엔비디아는 옴니버스 플랫폼을 활용한 인공지능 아바타 제작 사례를 선보이기도 했습니다.

〈타임〉 선정 2021년 최고 발명 중 하나인 엔비디아 옴니버스(Omniverse)

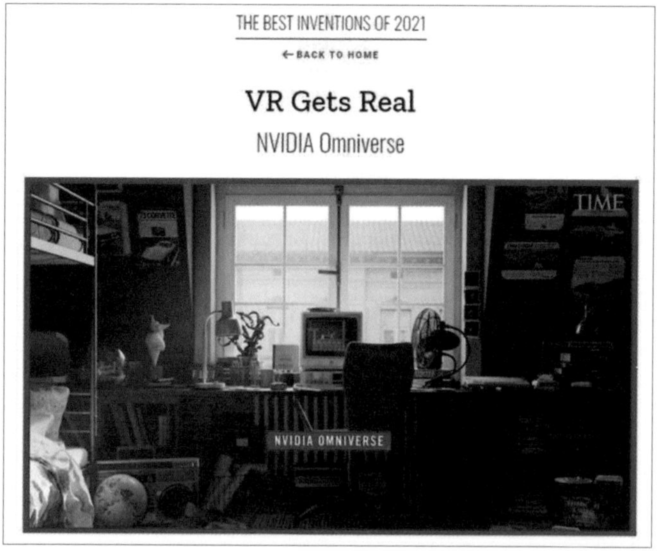

자료: TIME

2021년 2월 포트나이트를 개발한 에픽게임즈는 가상인간을 만들 수 있는 플랫폼 '메타휴먼 크리에이터'를 발표합니다. 메타휴먼 크리에이터를 활용하면 무료로 누구나 쉽고 빠르게 가상인간을 만들 수 있습니다. 일반인도 보다 쉽게 가상인간을 만들 수 있게 된 것입니다.

2021년 3월 MS(Microsoft)는 경제, 사회 전반에 적용이 될 수 있는 메타버스 플랫폼 메쉬(Mesh)를 발표했습니다. MS가 제작한 홀로렌즈와 메쉬 플랫폼을 활용해 시공간의 제약 없이 다양한 활동을 할 수 있도록 지원하고 있습니다. 홀로렌즈란 현실 공간에서 다양한 가상 그래픽을 구현하고, 사용자의 시선·음성·손동작을 통해 조작할 수 있도록 제작된 기기로 제조·의료·서비스·교육 업종 등에서 다양하게 활용될 것으로 전망됩니다.

다음 달인 2020년 4월에 MS는 미국 국방부와 25조 원 규모의 홀로렌즈2 공급계약을 맺으며 새로운 혁신을 준비하고 있습니다. MS와 미국 정부는 과거 인터넷 혁명의 시작이 알파넷이라는 군에서 시작되었고 이후 세상

MS 홀로렌즈 활용 장면

자료: MS

팀즈와 메쉬 포 팀즈

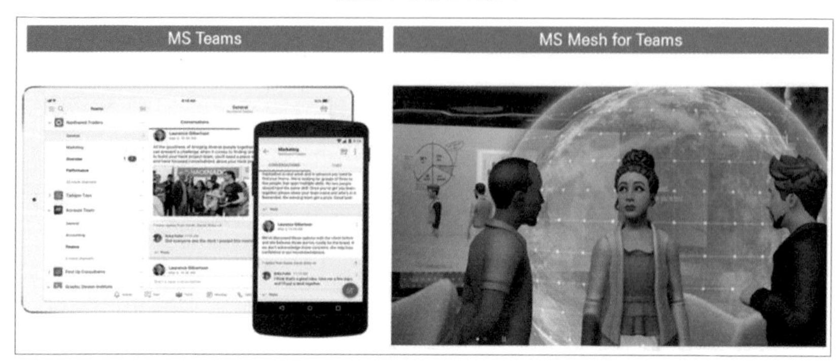

자료: MS 자료 기반 저자 재구성

을 변화시켰던 기억을 잊지 않고 있는 것 같습니다. 미국 국방부와 MS가 만든 메타버스 혁신은 다시 민간으로 유입되어 더 큰 파급효과가 창출될 것으로 예측됩니다.

2021년 11월 MS는 온라인 회의 플랫폼인 팀즈(Teams)를 메타버스로 업그레이드하는 메쉬 포 팀즈(Mesh for Teams) 도입 계획을 발표하며 메타버스로의 진출을 공식 선언합니다. 팀즈는 줌(Zoom)과 같은 온라인 화상회의 서비스입니다. 기존 점, 선, 면으로 이루어지던 회의를 가상공간에서 할 수 있도록 지원하는 서비스가 메쉬 포 팀즈입니다. 이제 사람들은 PC와 휴대폰 등을 활용해 가상공간에서 공존감을 느끼며 회의를 할 수 있게 될 것입니다.

2022년 1월 MS는 블리자드 인수를 발표했습니다. 이번 거래는 IT 산업 역사상 최고액 인수합병으로 687억 달러(82조 원)에 달합니다. 종전 기록은 2016년 델(Dell)이 데이터 스토리지 업체인 EMC를 인수할 때 지출한 670억 달러입니다. 사티아 나델라 MS CEO는 블리자드 인수를 발표하면서

"게임은 가장 역동적이면서 흥미로운 플랫폼일 뿐 아니라 메타버스 플랫폼 개발에서도 핵심적인 역할을 한다"고 언급했습니다. 블리자드 인수가 사실상 메타버스 전략에 초점이 맞춰져 있다는 점을 분명히 한 셈이죠.

2020년 9월 페이스북은 가상현실 기기 오큘러스 퀘스트2를 출시했고, 2021년 말까지 1천만 대 이상을 판매했습니다. 애플 아이폰의 확산을 연상케 하는 속도입니다. 애플 아이폰이 처음 공개된 2007년에는 139만 대, 2008년에는 1,163만 대가 판매되었습니다. 이후 페이스북은 사명을 메타(Meta)로 바꾸고 메타버스에 대한 비전을 발표했습니다. 호라이즌 월드(Horizon world)를 선보이며 본격적인 메타버스 서비스를 시작했고, 기존 오큘러스 퀘스트 기기명을 메타 퀘스트로 변경하며 모든 사업을 메타버스로 전환하고 있습니다.

모바일 혁명과 메타버스 혁명의 전조(前兆)

자료: 저자 작성

메타버스 태풍의 전조가 될 다양한 플랫폼과 기기들이 집중적으로 등장하며 변화를 예고하고 있습니다. 이러한 플랫폼과 기기들은 하나의 서비스에 국한되지 않고 경제·사회 전반에 영향을 미치며 기존에 없던 수익모델을 만들고 경쟁 구도는 바뀌게 될 것입니다.

제가 설명해드린 플랫폼과 기기들이 실제 파급효과가 미미할 수도 있습니다. 하지만 중요한 사실은 이 모든 역량은 축적된다는 것입니다. 새로운 플랫폼과 기기들은 계속 등장할 것이고, 변화의 속도는 더욱 빨라질 것입니다. 메타버스는 이미 우리 현실에 나타나고 있으며, 예고된 미래이기도 합니다.

까치는 태풍을 감지하고 낮은 곳에 집을 짓는다고 합니다. 더 중요한 것은 까치가 집을 허술하게 짓지 않는다는 것입니다. 집을 하나 짓는 데 물어오는 나뭇가지 수가 1천 개가 넘으며, 바람과 비를 막기 위해 둥지 안에 진흙, 다른 동물의 털, 나무뿌리 등을 촘촘히 바른다고 합니다. 진심으로 태풍을 준비하고 집을 짓는 것이죠. 메타버스라는 태풍의 전조를 주의 깊게 보고, 새로운 미래를 준비해야 할 시점입니다.

메타버스는 아직까진 먼 미래 이야기 아닌가요?

영화에서 구현된 메타버스를 떠올리면 메타버스는 매우 멀리 존재하는 것처럼 느껴지지만, 가까운 일상에서도 메타버스를 경험할 수 있는 다양한 혁신들이 계속 나타나고 있습니다.

> **햅틱(Haptic)**
>
> 사용자에게 힘, 진동, 움직임을 전달함으로써 터치의 느낌을 구현하는 기술

"미래 메타버스는 어떤 모습인가요?" 라는 질문의 대답으로 영화 〈레디 플레이어 원(Ready Player One)〉이 많이 회자되고 있습니다. 영화를 보면 가상현실 HMD(Head Mount Display), 트레드밀(Treadmill), 햅틱(Haptic)* 슈트(Suite)와 글로브(Glove), 홀로그램 등 다양한 첨단 기기들과 기술의 결합으로 몰입감 넘치는 장면이 연출되지요.

영화 속 주인공이 가상현실 HMD를 쓰고 트레드밀(Treadmill) 기기 위에서 달리면 가상현실 속에서도 달리게 됩니다. 트레드밀(Treadmill)은 실내에서 달리기와 걷기를 위한 운동 기구인데, 가상현실 HMD 기기와 연동이 되

영화 <레디 플레이어 원(Ready Player One)>

자료: 워너 브라더스

면 가상현실 속에서 걷고 뛰는 효과가 구현됩니다. 버툭스 원 옴니(Virtuix one omni)라는 기기를 보면 트레드밀과 햅틱 슈트가 결합이 되어 가상현실 속에서 다양한 경험을 할 수 있습니다.

햅틱(haptic)은 오감 중 촉각과 힘, 운동감을 느끼게 해주는 기술인데요, 사람의 몸은 사물을 인지할 때 다양한 감각에 복합적으로 의존하는데, 기술의 발전으로 가상공간에서도 시각과 청각을 활용한 상황인지가 가능해졌습니다. 햅틱 기술은 시각과 청각에 더해 촉각을 활용해 더욱 사실적인 가상현실 경험을 가능하게 합니다. 가상현실 속에서 총을 맞았다면 햅틱 슈트에 감각이 전달되는 거죠.

이 영화 속에서는 햅틱(haptic) 글로브(Glove)도 등장합니다. 이 장갑을 끼고 가상현실 속에서 물체를 만지면 감각이 전달되는 거죠. 2021년 11월

가상현실 HMD와 트레드밀이 결합된 '버툭스 원 옴니(Virtuix one omni)'

자료: Virtuix

메타(Meta)는 미세한 공기주머니를 사용해 가상현실 물체를 손으로 느낄 수 있는 햅틱 장갑 시제품을 발표했습니다. 7년 전부터 관련 기술을 개발해왔다고 합니다. 이제 가상현실에서 악수하면 감각을 느낄 수 있게 될 것입니다.

위에서 설명해드린 다양한 혁신 제품들은 계속해서 기술이 개발되면서 성능이 좋아지고 가격은 낮아지고 있습니다. 메타 퀘스트2의 경우 출시 후 2021년 말 기준 1천만 대 이상 팔리면서 대중화 기기로 진입하기 시작했습니다. 대중화되기까지 7년이 넘는 시간이 소요되었습니다. 많은 기업이 메타버스 관련 혁신 제품 개발에 참여해왔고 현재도 진행중입니다. 하지만 아직 대중화되지 않은 경우가 더 많습니다.

이러한 이유로 메타버스가 영화 속 먼 미래처럼 느껴질 수 있습니다. MS

메타의 '햅틱 글로브'

자료: 메타

가 개발한 홀로렌즈2의 가격은 국내에서 한 대에 500만 원을 상회합니다. 개인들이 사기에는 매우 부담스러운 가격이고, 구매한다고 하더라도 아직 많은 콘텐츠가 준비되어 있지는 않습니다. 대부분 기업용 혹은 국방 등 공공분야에서 활용하고 있습니다.

하지만 메타버스가 영화 〈레디 플레이어 원〉에만 있지는 않습니다. 인터넷 혁명이 오랜 시간 지속되면서 새로운 혁신 서비스가 계속 등장했던 것처럼 메타버스 혁명도 시간이 지나가면서 우리에게 계속해서 새로운 혁신을 보여줄 것입니다.

먼 미래를 보면 아무것도 할 수 있는 일이 없는 것처럼 느껴지지만 어떤 사람들은 이미 로블록스, 제페토와 같은 메타버스 세상에서 수억 원을 벌고 있고, 또 다른 사람들은 자신의 디지털 작품에 NFT(대체불가능토큰)를 결합해 메타버스에서 전시하고 판매하며 수익도 창출하고 있습니다.

인터넷 부동산 기업인 직방의 직원들은 모두 메타버스로 출근하면서 생산성을 높이고 있죠. 혁명은 모든 사람에게 똑같은 강도로 느껴지지 않습니다. 먼 곳과 가까운 곳을 함께 보시고, 지금 메타버스에서 일어나고 있는 일들과 다가올 미래를 예상하면서 새로운 시대를 준비할 필요가 있습니다.

메타버스라는 게 어떤 기술의 이름인가요?

메타버스는 하나의 기술이 아니라 다양한 핵심기술의 총체로 구현됩니다. 수많은 기술 중 핵심적인 기술을 추려본다면 XR(eXtended Reality)+D(Data Technology).N(Network).A(AI)로 구조화해볼 수 있습니다.

"인터넷은 무엇인가요?"라는 질문에 어떤 이들은 인터넷(Internet)이란 "TCP/IP* 프로토콜을 기반으로 해 전 세계 수많은 컴퓨터와 네트워크들이 연결된 통신망"이라고 답하기도 하고, 어떤 이들은 "페이스북(Facebook)과 같은 서비스"라고 설명하기도 합니다. 페이스북(Facebook)이라는 SNS 서비스가 사람들을 연결해주는 인터넷의 특징을 잘 반영하기 때문이겠지요. 즉 인터넷이라는 개념을 기술적으로 혹은 서비스 관점으로 다양하게 해석할 수 있습니다.

> **TCP/IP**
>
> 인터넷에서 컴퓨터들이 서로 정보를 주고받는 데 쓰이는 통신규약의 모음

쉽게 이해하기 위해서 인터넷을 TCP/IP 프로토콜로 설명할 수 있지만,

사실 인터넷은 무수히 많은 기술의 조합으로 구성되어 있습니다. 유선과 무선이 다르고, 긴 세월 동안 새로운 기술들이 계속 등장하며 진화하고 있습니다. 서비스 관점에서도 페이스북이라는 서비스가 인터넷의 개념을 설명하고 이해를 돕는 사례가 되지만, 인터넷을 활용한 서비스 유형은 너무나 많고, 그중에서 페이스북은 하나의 형태입니다. 즉 부분 집합이지 전체는 아니지요. 인터넷의 개념을 좀 더 크게 보면 사람들이 연결되는 방식이 디지털로 바뀌는 패러다임의 변화이고, 이로 인해 경제·사회 전반이 변화가 생긴 것으로 해석해볼 수도 있습니다.

메타버스도 마찬가지입니다. 메타버스를 기술적인 관점에서 해석한다면 메타버스는 하나의 기술이 아니라 수많은 기술의 총체로 구성됩니다. 수많은 기술 중 핵심적인 기반기술을 추려본다면 XR(eXtended Reality)+D(Data Technology).N(Network).A(AI)로 구조화해볼 수 있습니다.

메타버스 구현을 위한 주요 기반기술

자료: 범부처 메타버스 신산업 선도전략(2022.1)

메타버스를 만들기 위해서는 데이터를 빠르게 전달할 수 있는 네트워크(Network)가 필요합니다. 그리고 네트워크를 통과하는 수많은 데이터를 체계적으로 관리할 수 있는 클라우드, 블록체인 등과 같은 데이터 기술(Data Technology), 가상공간을 만드는 XR(eXtended Reality) 기술과 지능화된 공간을 만드는 인공지능(AI) 기술이 융합되어 다양한 형태의 메타버스가 만들어질 수 있습니다.

이해를 돕기 위해 서비스 관점에서 메타버스는 로블록스나 제페토라고 말할 수도 있지만, 정확히 말하자면 로블록스나 제페토도 메타버스의 다양한 형태 중 하나로 부분 집합이지 전체는 아닙니다. 포켓몬고와 같은 증강현실 서비스도 메타버스의 한 형태이고, 직방의 메타폴리스처럼 일하는 메타버스도 있습니다.

메타버스는 '새로운 버전의 인터넷(Next version of Internet)' '인터넷의 새로운 비전(Vision)'이라고 표현되는 것처럼 인터넷 이후의 새로운 패러다임 변화입니다. 이 변화를 기술적으로, 서비스 관점으로 이해하면서 유연하게 해석하시면 좋을 것 같습니다.

메타버스는 게임 아닌가요?

초기의 메타버스는 주로 게임과 소통영역 중심으로 활용되었지만, 이제 메타버스는 전 산업과 사회에 영향을 미치며 확산되고 있습니다. 메타버스를 산업과 사회혁신의 동력으로 인식해야 할 시점입니다.

오랫동안 가상공간을 만들어온 게임은 메타버스를 이끌어온 중요한 동력입니다. 가장 먼저 주목받았던 로블록스, 포트나이트 등 다수의 메타버스들이 게임 요소를 가지고 있습니다. 차이점이 있다면 기존의 게임들은 대부분 서비스 공급자가 만들어 높은 게임 세계관 안에서 플레이하고 아이템 구매나 레벨을 높이기 위해 돈을 사용하는 구조였다면, 지금의 메타버스 플랫폼들은 사용자가 스스로 게임과 아이템을 만들고 그 안에서 주도적으로 살아가게 한다는 것입니다.

로블록스에서는 사용자들은 스스로 원하는 게임을 만들어 판매해 수익을 창출하고, 포트나이트에서 유저들은 단순히 게임뿐만 아니라 콘서트, 영화 등 다양한 문화 활동을 즐기기도 합니다. 게임을 넘어 경제와 문화 활동

포트나이트에서 열린 아리아나 그란데 공연

자료: 에픽게임즈

공간이 된 것이죠. 2020년 4월 미국의 힙합 가수 트래비스 스콧은 에픽게임즈의 포트나이트 속 파티 로얄(Party Royale)에서 유료 콘서트를 개최했습니다. 트래비스 스콧의 아바타가 노래하고 유저들도 아바타로 관람하는 방식으로 진행되었으며, 약 1,230만 명이 동시 접속했고 굿즈 판매 수익은 2천만 달러(한화 약 220억 원)에 달했습니다. 2021년 8월 7일부터 9일까지 아리아나 그란데도 포트나이트에서 투어 무대를 진행해 총 5번의 공연이 열렸으며, 포트나이트 게임에 접속해 누구나 무료로 콘서트를 관람할 수 있도록 했습니다.

소니뮤직은 지난 2020년 11월, 릴 나스 엑스의 싱글 음원 첫 무대와 2021년 5월 자라 라르손의 앨범 출시 기념 파티도 로블록스에서 선보였습니다. 릴 나스 엑스의 음원 무대를 관람한 이용자는 600만 명에 달했습니다.

메타버스의 적용 범위는 게임을 넘어 산업 전반으로 넓어지고 있습니다. 게임을 만드는 저작도구 중 하나인 유니티(Unity) 엔진이 있습니다. 메타버스를 만드는 저작도구라고 할 수 있습니다. 이 엔진을 활용해서 다양한 게임이 제작되었습니다. 모바일 게임 순위 1천 개 중 유니티 엔진으로 제작된 게임은 71%나 되며, 모바일과 PC, 콘솔 게임 중 유니티 엔진으로 제작된 게임은 50%가 넘습니다. 이처럼 유니티 엔진은 게임 분야에 막강한 영향력을 미치고 있습니다.

그러나 유니티 엔진은 단지 게임에만 적용되지 않습니다. 유니티 엔진은 다양한 산업에 적용되고 있죠. BMW는 유니티를 활용해 가상공간을 만들고 그 안에서 자율주행 테스트를 하고 있습니다. 실제 현실에서의 테스트 차량만으로는 자율주행 개발에 필요한 데이터 수집에 한계가 존재해, 현실

유니티를 활용해 자율주행을 시뮬레이션하는 BMW

자료: 유니티

과 유사한 가상공간을 만들고 그 안에서 자율주행 테스트를 해 데이터를 수집하고 있습니다.

현재 BMW가 수집하는 자율주행 데이터의 95%가 이 가상공간을 통해서 수집되고 있습니다. BMW 외에도 Audi, Honda, Lexus, Volvo 등 다양한 글로벌 자동차 기업들이 유니티 엔진을 활용해 제조 경쟁력을 강화하고 있습니다.

유니티 엔진의 적용 분야는 자동차 산업에 국한되지 않고 조선, 중공업, 영화, 애니메이션, 교육 등 경제·사회 전반에 미치고 있습니다. 유니티와 협력체계를 맺은 주요 기업들과 분야를 보면 쉽게 이해할 수 있을 것입니다.

유니티 엔진은 하나의 예시입니다. 이외에도 에픽게임즈의 언리얼 엔진 등 다양한 메타버스 저작도구가 존재하고 있으며, 다양한 분야에 적용

유니티와 협력하는 기업들

아이뉴스24

유니티, 현대차 MOU...가상공장 '메타팩토리' 도입

[아이뉴스24 박예진 기자] 유니티가 현대자동차와 '미래 메타버스 플랫폼 구축 및 로드맵 마련을 위한 전략적 파트너십(MOU)'을 맺었다고 7일 발표...

한국경제

유니티코리아, 대우조선해양과 MOU 체결

유니티코리아, 대우조선해양과 MOU 체결 ... 또 유니티 기반 배치 시뮬레이터 개발 및 실제 데이터 적용을 위한 기술검증을 진행했다.

한국경제

㈜만도, 유니티, '가상현실(VR) 기반 자율주행 개발 환경 구축' MOU 체결

자율주행기술을 선도하는 ㈜만도와 글로벌 실시간 3D 개발 플랫폼 선도 기업 유니티(Unity)가 지난 27일 강남구 유니티 코리아에서 '가상현실(VR)...

국토일보

유니티 코리아, 삼성중공업과 MOU 체결

유니티 코리아가 삼성중공업과 설계 정보의 다양한 시각화 및 조선소의 Digital Twin을 위한 MOU를 체결했다. 왼쪽부터 삼성중공업 정진섭 파트장, 박진형...

이코노믹리뷰

두산인프라코어, 게임엔진 개발사 유니티와 손잡고 스마트건설 ...

두산인프라코어는 유니티 테크놀로지스 코리아와 건설 공정 시뮬레이터 개발 상호협력을 위한 양해각서(MOU)를 체결했다고 13일 밝혔다.

주간현대

LG유플러스-유니티코리아, 메타버스 서비스 MOU

글로벌 유력 리얼타임 3D 콘텐츠 개발 플랫폼 '유니티(Unity)'로 가상오피스 개발. 다양한 메타버스 서비스 및 콘텐츠 발굴하고 사내 유니티 전문가...

인벤

유니티, 부천국제판타스틱영화제와 MOU 체결

유니티는 이번 MOU를 통해 단편 필름 챌린지 개최 등 다양한 활동으로 BIFAN의 성공적인 개최를 지원하는 한편, 실시간 렌더링 엔진 기반의 새로운 창작 워크플로우의...

테크월드뉴스

유니티 코리아, 씨엠에스에듀와 온라인 코딩교육 커리큘럼 개발

[테크월드=이건한 기자] 유니티 테크놀로지스가 씨엠에스에듀와 '글로벌 인터랙티브 교육 플랫폼 개발' 계약을 체결했다. 양사는 4차 산업혁명 시대의...

테크월드뉴스

유니티, '로이비쥬얼'과 애니메이션 제작 MOU 체결

[테크월드=박진희 기자] 유니티 코리아와 로이비쥬얼이 유니티 엔진을 활용한 애니메이션 제작을 위한 전략적 트너십(MOU)을 체결했다.

데이터넷

유니티-부산시교육청, 메타버스 기반 교육 생태계 구축 MOU

유니티-부산시교육청, 메타버스 기반 교육 생태계 구축 MOU ... [데이터넷] 유니티코리아(대표 김인숙)는 부산광역시교육청(교육감 김석준)과 '메타...

자료: 주요 언론 종합

되고 있습니다. 유니티 CEO인 존 리치텔로는 "유니티는 건설, 엔지니어링(Engineering), 자동차설계, 자율주행차 등의 영역으로 사업을 확장 추진중이며 개별 산업영역들이 가진 시장잠재력이 게임 산업을 넘어설 것"이라고 언급했습니다. 메타버스가 게임을 넘어 전 산업 분야로 확장된다는 의미입니다. 게임 분야는 앞으로도 계속 진화해나갈 것입니다. 더불어 이제 메타버스가 게임과 생활, 소통 분야를 넘어 전 산업과 사회 분야로 적용되고 있다는 점에 주목할 필요가 있습니다.

METAVERSE

NFT로 인해 가상자산의 진위, 소유를 증명할 수 있게 되었습니다. NFT는 적용 분야가 매우 넓은 데다, 디지털 창작자와 팬들을 매개해 전통적인 수익구조를 혁신하고 대중화를 견인할 만큼 기술이 발전하고 있어 메타버스 시대의 새로운 경제를 이끌어나갈 동력으로 주목받고 있습니다. 현실의 삶에서 소유를 전제로 다양한 사회·경제활동이 이루어지듯이, 메타버스에서도 NFT로 디지털 자산에 대한 소유가 가능해지고 상상력을 통해 생산된 무한한 디지털 자산을 소유하고 거래하면서 기존에 없던 비즈니스 모델이 생겨날 것입니다.

2장

메타버스와 NFT의 만남

NFT(Non-Fungible Token)란 무엇인가요?

NFT로 인해 가상자산의 진위, 소유를 증명할 수 있게 되었으며 이로 인해 메타버스에서 다양한 수익모델을 만들 수 있는 기회가 생겨날 것입니다.

NFT(Non-Fungible Token)는 대체불가능토큰의 약자입니다. 복잡해 보이는 이 말을 조금씩 풀어서 얘기해보죠. 먼저 토큰이라는 개념이 반영되어 있는데요. 토큰은 일정 범위에서 사용할 수 있는 자산, 권리의 개념을 내포하고 있습니다.

예를 들면, 과거에 버스를 탈 때 토큰을 내고 승차했었죠. 현금을 내고 토큰을 사면, 버스를 탈 수 있는 권리를 갖게 됩니다. 서울특별시 기준으로 1977년 12월 1일에 첫 시행되었고 1999년 사용이 중지되었습니다. 이제는 디지털과 신용카드로 대체되었죠.

이 실물 토큰은 대체가 가능한 자산입니다. 서로 다른 토큰으로 대체할 수 있습니다. 내가 가진 토큰 한 개와 다른 사람이 가진 토큰 한 개를 서로

자료: 나무위키

교환해도 아무런 문제가 없습니다. 가치가 동등하기 때문이죠.

이처럼 자산의 성격을 가진 토큰은 디지털 세상에도 존재합니다. 대표적으로 가상화폐인 비트코인이 있는데요, 비트코인 역시 디지털 재화를 살 수 있는 권리가 있고 대체가 가능합니다. 제가 가진 비트코인 한 개와 다른 사람의 비트코인 한 개의 가치는 역시 동등하니까요.

현실에서 대체 불가능한 자산도 존재합니다. 2016년 12월 미국프로농구(NBA)의 인기 스타인 스테판 커리가 신었던 농구화가 이베이에서 당시 약 3,600만 원에 팔렸습니다. 또한 1997년 NBA 파이널에서 마이클 조던이 신었던 농구화는 2013년 경매에서 무려 1억 2,600만 원에 거래되었습니다. 스타들이 신었기 때문에 그 농구화에 특별한 의미가 생겼고, 희소가치가 부여되었습니다. 같은 브랜드의 다른 농구화로는 대체 불가능한 자산이 되었죠.

2021년 8월, 축구 스타 메시가 21년 동안 활동하던 바르셀로나팀을 떠나는 고별 기자회견에서 눈물과 콧물을 닦은 휴지가 경매 사이트에 올라왔습니다. 고별 기자회견장의 맨 앞줄에 앉아 있던 한 남성이 메시가 버린 휴지를 주웠고 이를 경매 사이트 메르카도 리브레에 내놓았던 거죠. 메르카도 리브레는 아르헨티나 부에노스아이레스에 본사를 둔, '남미의 아마존'이라고 불리는 유명한 경매 전용 사이트입니다.

경매에 올라온, 메시가 사용한 휴지

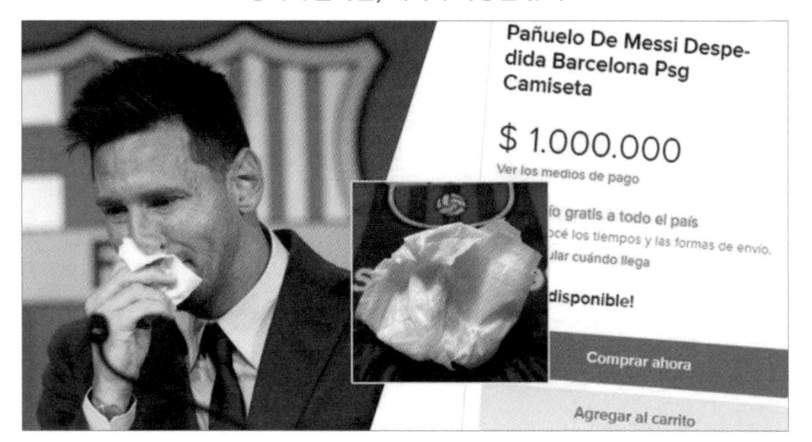

자료: 메르카도 리브레

판매자는 구겨진 휴지 조각을 FC바르셀로나 기념품 위에 올려둔 사진을 경매 사이트에 업로드했고, 경매 시작가는 놀랍게도 100만 달러(약 11억 7,600만 원)였습니다. 그리고 다음과 같이 제품을 설명했습니다.

"메시의 풍부한 감정이 담긴 휴지, 유전 물질(DNA)을 포함하고 있어 100만 달러로 책정했다. 언젠가는 이를 통해 메시와 같은 뛰어난 축구선수를 복제할 수 있다. 주름은 접혀 있지만 상태가 양호하다."

이 상품은 갑자기 사이트에서 사라져 실제로 거래되었는지는 현재 알 수 없습니다. 하지만 한 가지는 확실히 알 수 있죠. 쉽게 구할 수 있는 휴지도 대체 불가능한 자산이 될 수 있다는 것을요.

이제 대체 불가능한 디지털 자산도 만들 수 있게 되었습니다. 그동안 디지털 세상의 가장 큰 단점이자 장점은 무한 복제가 가능했다는 것입니다. 복사해서 붙여넣기를 할 수가 있죠. 계속해서 복사하고 공유하면 진짜 디지

대체 가능과 대체 불가능

자료: Cryptoverz.com

털 원본을 가진 사람이 누구인지 확인할 수가 없었습니다. 하지만 블록체인 기술이 등장하고 발전하면서 특정 디지털 자산이 원본인지, 소유하고 있는 사람이 누구인지 확인할 수 있게 되었습니다. 블록체인 기술로 NFT(Non-Fungible Token)를 제작할 수 있게 된 것이죠.

위의 고양이 그림 2개는 NFT로 발행된 대체 불가능한 디지털 자산입니다. 특징도 다르고, 모양도 다르죠. 각 고양이 그림의 소유자는 NFT를 통해 '이 고양이는 디지털 원본이고, 내 것'이라는 것을 증명할 수 있습니다.

NFT를 활용한 디지털 소유

자료: 한국전자통신연구원

예를 들어 제가 포토샵으로 JPG라고 쓴 그림을 그렸습니다. 제가 직접 그렸고 디지털 원본을 만들었죠. 이제 이 JPG 그림을 위변조가 어려운 블록체인을 활용해서 NFT로 발행할 수 있습니다. 고유한 NFT ID를 부여받고 이 JPG NFT를 제가 가진 암호화폐 지갑, 메타마스크(MetaMask)에 저장해 둘 수 있습니다. 이제 JPG 그림이 인터넷에 배포되어 무한 복제되고 공유되어도, 저는 이 그림의 소유권이 나에게 있고 원본임을 증명할 수 있게 되는 것이죠. 무한 복제되던 디지털 자산의 소유권을 증명할 수 있는 시대가 시작된 것입니다.

NFT가 주목받고 있는 이유는 무엇인가요?

NFT는 적용 분야가 매우 넓고, 디지털 창작자와 팬들을 매개해 전통적인 수익구조를 혁신하며, 대중화를 견인할 만큼 기술이 발전하고 있어 메타버스 시대의 새로운 경제를 이끌어나갈 동력으로 주목받고 있습니다.

NFT가 주목받는 데는 크게 다음과 같은 5가지 이유가 있습니다. 첫째, NFT를 적용할 수 있는 분야가 무궁무진합니다. NFT를 제작하고, 판매·구매할 수 있는 오픈씨(OpenSea)에서 거래되는 NFT의 종류를 보면 예술(Art), 수집(Collectables), 음악(Music), 사진(Photography), 스포츠(Sports), 카드(Trading Card), 가상세계(Virtual Worlds) 등 정말 다양합니다. 디지털 창작의 영역은 무궁무진하고, 해당 분야에서 디지털로 무언가를 만들고 소유하고 판매해서 수익을 창출할 수 있다는 뜻이죠. 이 모든 활동이 메타버스에서 이루어질 수 있겠죠.

둘째, NFT가 수익구조를 혁신하기 때문입니다. 기존 오프라인 창작자들은 창작물을 알리기 위해 중개업체의 도움을 받아야 했고, 전시할 공간도

오픈씨(OpenSea)에서 거래되는 NFT 종류

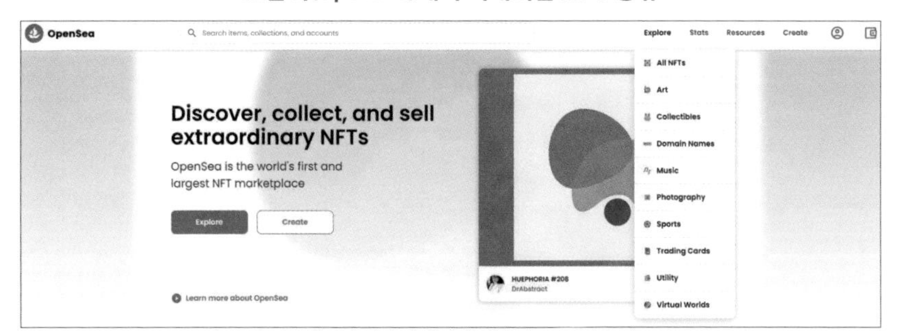

자료: 오픈씨(OpenSea)

필요했죠. 이 모든 과정이 창작을 시작하는 사람에게 어렵고, 높은 비용이 발생하는 구조였습니다. 하지만 NFT에서는 이 모든 중간과정이 사라지고 나의 창작물을 NFT로 변환할 때 드는 비용, 일명 '가스 수수료(gas fee)'와 거래금액의 2.5% 수수료만 내면 됩니다. 또한 내가 만든 NFT에 블록체인을 활용한 스마트 계약(Smart Contract)을 만들어 디지털 작품이 거래될 때마다 일정 수익을 계속 받을 수 있는 수익모델을 설계할 수 있습니다. 이러한 일련의 수익구조와 거래혁신이 다양한 분야에서 일어나기 때문에 NFT가 주목받고 있습니다.

셋째, 창작자들은 NFT를 매개로 팬들과 직접 연결되고 쌍방향 소통을 통해 커뮤니티를 확장할 수 있습니다. 오리진 프로토콜은 NFT 발행 플랫폼인 'NFT 런치패드'를 지원하는데요, 아티스트에게 전용 NFT 판매 사이트를 따로 만들어주고 NFT를 발행해줍니다. 아티스트 맞춤형 NFT 사이트가 개설될 수 있어 창작자가 사용하기에 편리하고, 팬들도 특정 플랫폼을 이용해야 하는 번거로움 없이 자신이 좋아하는 창작자의 NFT 사이트에 바로 접

오리진 프로토콜에 음반을 발매한 라이언 테더

자료: 오리진 프로토콜

속하면 됩니다. 이에 블라우, 제이크 폴, 밴드 '원리퍼블릭'의 리더인 라이언 테더(Ryan Tedder)도 오리진 프로토콜을 통해 음원을 NFT로 발행했습니다. 라이언 테더는 아델(Adele), 마룬파이브(Maroon 5), 비욘세(Beyonce) 등 세계적 아티스트들과 협업했고, 총 3회의 그래미 어워드를 수상한 바 있습니다. NFT를 구매하면서 창작자와 팬은 양방향 관계를 형성하게 됩니다. 창작자의 성장이 NFT 작품의 가치와 직결되어 이를 보유한 팬과 일방적이고 수동적인 관계를 넘어 이익을 공유하는 관계가 되는 셈이죠. NFT의 가치를 높인다는 공동의 목표가 생기게 됩니다.

넷째, NFT 기술의 진화인데요, 새로운 변화를 이끌어갈 만큼 관련 기술이 발전하고 있습니다. NFT는 기술의 하이퍼 사이클(Hype Cycle) 곡선에서 '기대의 정점' 단계에 위치하고 있습니다. 이는 NFT를 활용한 분야에 초기 성공사례가 나타나 향후 시장이 확대될 것이라는 기대감이 형성되어 있다

NFT와 하이퍼 사이클(Hype Cycle)

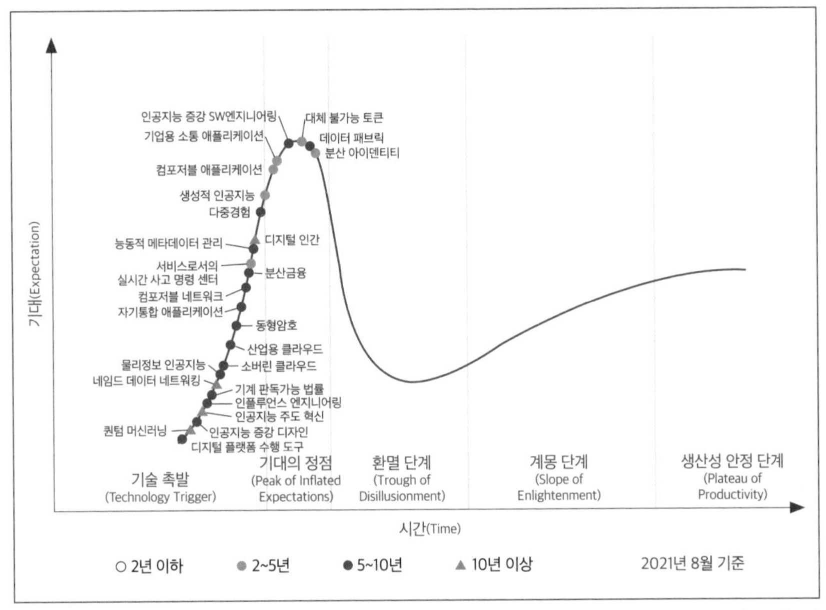

자료: 가트너

는 것을 의미하는데요. 하이퍼 사이클 곡선은 5단계로 이루어지며, 이는 기술의 성장주기에 해당합니다. 기술 촉발(Technology Trigger)은 잠재적 기술이 관심을 받기 시작하는 시기, 기대의 정점(Peak of Inflated Expectations)은 초기 성공적 사례를 창출하는 시기, 환멸 단계(Trough of Disillusionment)는 제품 실패에 따라 관심이 줄어들고 성공사례에 투자가 지속되는 시기, 계몽 단계(Slope of Enlightenment)는 기술의 수익모델을 보여주는 좋은 사례들이 늘어나는 시기, 마지막으로 생산성 안정 단계(Plateau of Productivity)는 기술이 시장의 주류로 자리 잡기 시작하는 단계입니다.

다섯째, 코로나19라는 환경변화도 NFT가 주목받는 계기가 되었습니다. 오프라인 활동이 어려운 비대면 환경 속에서 살아가야 하고 새로운 수익모델 발굴이 절실하던 시기에, NFT가 메타버스와 결합하며 새로운 기회를 만들고 있기 때문이죠.

이러한 다양한 이유로, NFT 시장이 급격히 성장하고 있습니다. NFT 분석 사이트인 넌펀저블닷컴(Non Fungible.com)은 2021년 NFT 시장에서 거래된 금액이 176억 달러(약 21조 6,800억 원)에 달했다고 발표했는데요, 2020년 집계된 8,200만 달러(약 1,010억 원)와 비교하면 무려 215배나 성장했습니다.

NFT 시장이 엄청나게 커지고 있으니 정말 많은 사람이 돈을 벌고 있구나라고 생각하실 수도 있을 것 같은데요, 아티스트 킴벌리 파커(Kimberly Parker)의 분석에 따르면 2021년 3월 오픈씨(OpenSea)에서 판매된 NFT의

가격대별 NFT 판매 거래 수

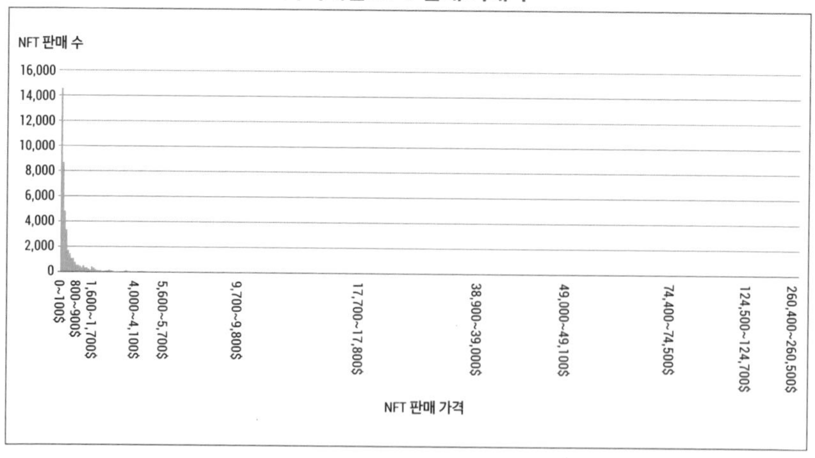

자료: thatkimparker.medium.com

컬렉션별 NFT 판매 가격

자료: thatkimparker.medium.com

53.6%가 200달러 이하였고, 7일 동안 NFT 판매의 3분의 1 이상이 100달러 미만이라는 것을 발견했습니다. 600~700달러의 매출은 2.5%에 그쳤습니다. 대부분의 거래가 작은 규모로 이루어진 것입니다.

또한 NFT 컬렉션이 판매된 가격이 어느 정도인지 분석한 결과 소수, 고가의 NFT 컬렉션이 판매되었고, 이 비중이 전체 NFT 거래액에 미치는 영향은 매우 큰 것으로 분석되었습니다.

오픈씨에서 제한된 기간에 거래된 데이터를 기반으로 분석한 결과이기 때문에 해석에 유의할 필요가 있지만, NFT 시장이 소수·고가의 NFT 프로젝트 중심으로 현재 진행되고 있고, 향후 얼마나 대중화된 NFT가 많이 생겨서 다양한 금액대별로 많은 사람이 참여할 것인지가 과제로 남겨져 있음에 유의할 필요가 있을 것 같습니다.

넌펀저블닷컴(Non Fungible.com)은 2021년 NFT 구매자 수는 2020년 7만 5,000명에서 2021년 230만 명으로 30배 늘었고, 이들이 소유한 것으로 추정되는 암호화폐 지갑도 250만 개 이상으로 1년 전(8만 9,000개)보다 28배 증가했다고 발표했습니다. 또한 2021년 세계 투자자들이 NFT를 통해 벌어들인 수익은 총 54억 달러(약 6조 6,000억 원)이고, 470개 이상의 암호화폐 지갑이 NFT 투자로 1천만 달러를 넘는 수익을 올렸다고 분석했는데요, 암호화폐 지갑을 여러 개 만들어서 관리하는 사람들도 다수 존재하므로 NFT 지표를 다양한 시각으로 함께 해석할 필요가 있습니다.

메타버스와 NFT는 어떤 관계가 있나요?

메타버스에서도 NFT로 디지털 자산에 대한 소유가 가능해진다면 상상력을 통해 생산된 무한한 디지털 자산을 소유하고 거래하며, 기존에 없던 비즈니스 모델이 생겨날 것입니다.

일하고 번 돈을 사용해서 재화를 소유하거나, 직접 재화를 만들어서 소유하는 것은 상품경제의 기본적인 형태입니다. 이러한 일련의 활동들이 메타버스에서도 자연스럽게 구현되어야, 우리가 그 안에서 다양한 경제활동을 하며 살아갈 수 있겠죠. 현실의 삶에서 소유가 중요하듯, 메타버스에서도 디지털 자산에 대한 소유가 가능해진다면 상상력을 통해 생산된 무한한 디지털 자산을 소유하고 거래하며, 기존에 없던 가치가 생겨날 것입니다.

이러한 현상이 블록체인 기반의 메타버스 플랫폼에서 시작되고 있습니다. 대표적인 블록체인 메타버스 세상인 샌드박스(The Sandbox)에서는 모든 디지털 자산들이 NFT로 구성되어 있습니다. 우리가 현실에서 땅을 소유하고 등기부 등본을 통해 이를 인정받는 것처럼 샌드박스에서 땅을 사면

VoxEdit, NFT 크리에이터

자료: 샌드박스(The Sandbox)

NFT를 통해 디지털 소유가 가능해지고, 임대도 할 수 있습니다. 복스에딧(VoxEdit), NFT 크리에이터(NFT Creator)를 활용해 나만의 디지털 아이템 등 자산을 만들고 NFT로 발행할 수 있습니다.

샌드박스 안에는 게임을 만들 수 있는 게임 메이커(Game Maker)도 있어 누구나 어려운 코딩 없이 다양한 게임을 만들고 NFT로 소유를 증명할 수 있습니다. 메타버스에서 다양한 디지털 생산도구를 통해 수많은 디지털 자산이 생성되고 거래되는 거죠. 메타버스가 NFT와 만나 새로운 디지털 삶과 경제를 만들고 있는 것입니다.

게임 메이커(Game Maker)

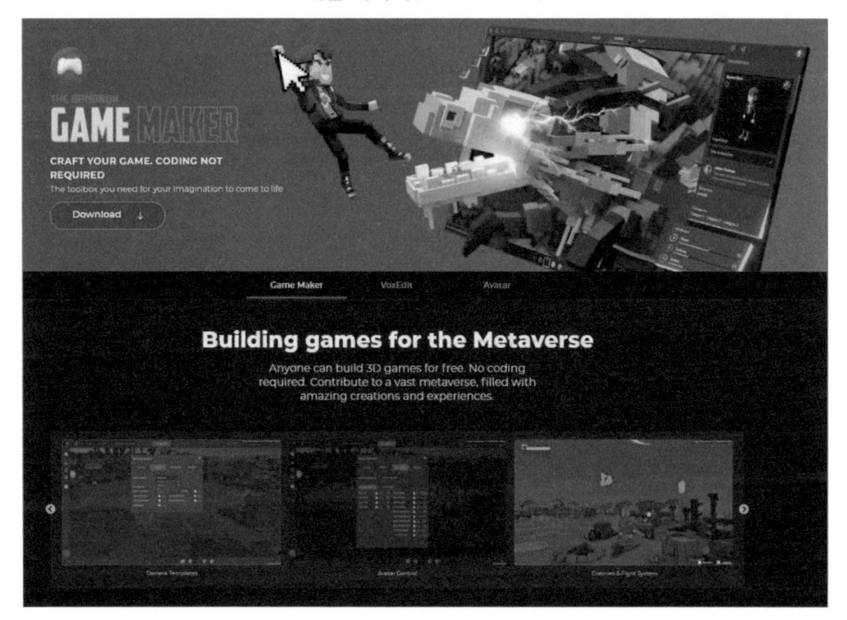

자료: 샌드박스

제페토도 NFT에 적극적인 행보를 보이고 있습니다. 현재 제페토는 자체적으로 블록체인을 지원하지 않기 때문에 제페토에서 생산된 디지털 자산들은 NFT와 연계되어 있지 않습니다. 하지만 제페토는 샌드박스에 별도의 땅을 구매하고 샌드박스와 협력해 제페토의 아바타가 샌드박스에서 NFT로 발행되어 활동할 수 있도록 지원하고 있습니다.

제페토는 같은 모기업 네이버의 자회사 라인(LINE)과 협력했는데요, 라인의 블록체인 기술을 활용해 일본 한정으로 제페토 월드 공식 맵(Map), 벚꽃정원 이미지 12종을 각 100개씩 총 1,200개의 NFT를 발행하기도 했습니다.

NFT를 매개로 한 제페토와 샌드박스 간의 협력

자료: 샌드박스

제페토를 개발한 네이버 Z는 글로벌 게임 '배틀그라운드'를 제작한 크래프톤과 함께 '이용자 창작 기반 NFT 메타버스 플랫폼(User-generated NFT Metaverse Platform)'을 구축하는 프로젝트를 추진하고 있습니다. 두 기업이 협력해 사용자들이 NFT를 스스로 만들고 생활하는 메타버스를 만들어 NFT를 통해 글로벌 크리에이터 경제(Creator economy)를 활성화한다는 계획입니다.

페이스북에서 사명을 바꾼 메타(Meta)도 자신들의 메타버스 세상 호라이즌 월드(Horizon World)에 NFT를 도입할 계획이라고 발표했습니다.

라인 블록체인과 제페토의 협력

자료: 제페토

이처럼 블록체인 기반의 메타버스가 등장하고, 메타버스에 NFT를 결합하려는 다양한 시도가 이루어지고 있습니다. 향후 수많은 디지털 자산들이 만들어지고 NFT로 발행되면 이를 소유하고 거래하면서 메타버스 안에서 새로운 경제가 일어날 것입니다.

NFT는 어떻게 만들고 어디서 거래할 수 있나요?

NFT를 발행하고 거래할 수 있는 다양한 플랫폼들이 존재하고 계속 생겨나고 있으며, 신용카드 결제를 통한 NFT 구매 지원 등 편의성도 증가하고 있습니다.

먼저 NFT로 발행할 디지털 그림이나, 영상 등 창작물이 필요하겠죠. 디지털 창작물이 준비되셨다면, NFT를 보관할 암호화폐 지갑과 수수료로 지급할 가상화폐도 있어야 합니다. 암호화폐 지갑은 종류가 많은데, 최근 가장 많이 사용하고 있는 암호화폐 지갑은 메타마스크(MetaMask)입니다.

암호화폐 지갑을 준비한 후 나의 디지털 창작물을 NFT로 발행하는 방법은 여러 가지가 있는데요, 크래프터스페이스(KrafterSpace), 오픈씨(OpenSea) 등 다양한 NFT 발행 지원 플랫폼을 활용하는 방법이 있습니다. 이외에도 IPFS(InterPlanetary File System)을 활용해 직접 창작물을 NFT로 제작할 수도 있습니다.

IPFS는 분산형 파일 시스템에 데이터를 저장하고 공유하기 위한 프로토

암호화폐 지갑의 종류(좌), 메타마스크(우)

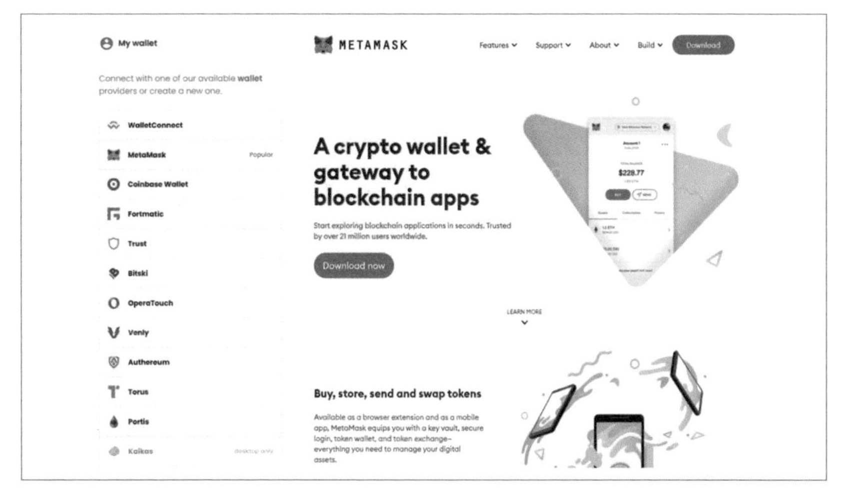

자료: 메타마스크

콜인데요, 가장 쉬운 방법은 NFT 발행 지원 플랫폼을 이용하는 방식입니다.

카카오의 블록체인 계열사인 그라운드X의 크래프터스페이스에선 간단하게 파일을 업로드하는 것만으로 NFT 제작이 가능합니다. 크래프터스페이스에서 NFT를 발행하려면, 암호화폐 지갑 카이카스(Kaikas)가 필요합니다.

디지털 창작물을 NFT로 만드는 과정을 민팅(minting)이라고 하는데요, 이 과정에서 가스 수수료가 필요하고 이 수수료는 이더리움 등 가상화폐로 결제하게 됩니다. NFT가 발행되면, 세계 최대 NFT 거래소 오픈씨에 업로드해 NFT를 판매할 수 있습니다.

크래프터스페이스(KrafterSpace)

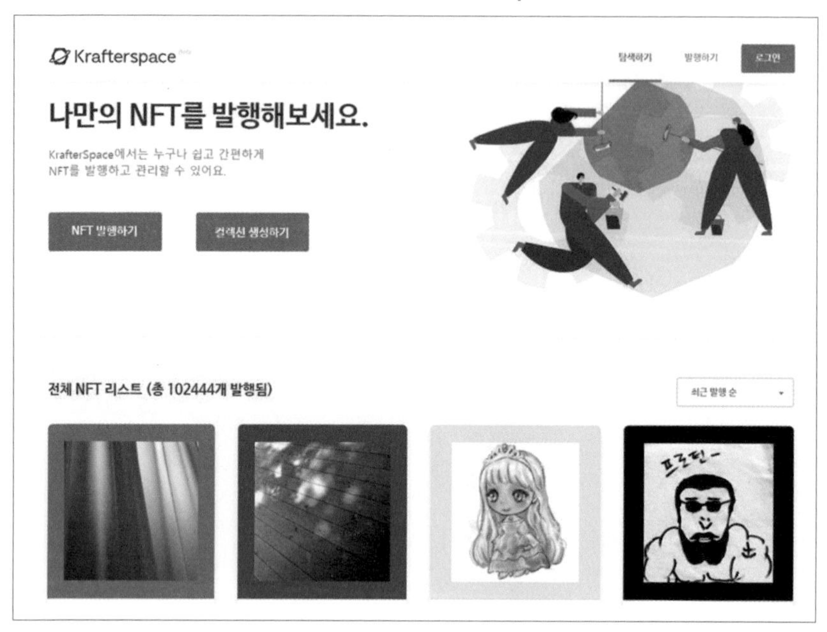

자료: 크래프터스페이스(KrafterSpace)

NFT를 사고팔 수 있는 플랫폼 오픈씨(OpenSea)에서도 NFT를 발행할 수 있는데요, 2017년 설립된 세계 최대 NFT 거래소 오픈씨는 2022년 1월에 3억 달러 규모의 추가 투자(시리즈C)를 유치하면서 133억 달러(16조 원) 이상의 기업가치를 인정받았습니다. 〈포브스〉는 이들의 보유 재산이 22억 달러(2조 6,000억 원)에 이른다고 추산하며 "최초의 NFT 억만장자가 탄생했다"고 보도하기도 했습니다.

NFT 생태계가 성장하면서, 2021년 오픈씨 거래량은 전년 대비 600배 이상 늘어났습니다. 오픈씨는 장르를 가리지 않고 모든 종류의 NFT를 매매

오픈씨(OpenSea)

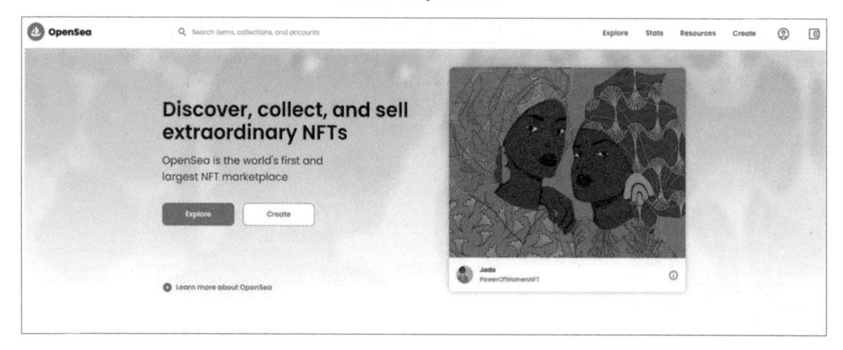

자료: 오픈씨

할 수 있는 광범위한 플랫폼을 구축하며 'NFT계의 이베이'로 불리고 있는데요, 이용자들이 판매하는 NFT 금액의 2.5%를 수수료로 수익을 창출하고 있습니다.

나의 디지털 창작물을 NFT로 만들었으니, 이제 판매를 해봐야겠죠. 오픈씨(OpenSea)를 포함해 민터블(Mintable), 니프티 게이트웨이(Nifty Gateway), 라리블(Rarible), 메이커스플레이스(Makersplace) 등 다양한 NFT

NFT 판매 및 구매 과정

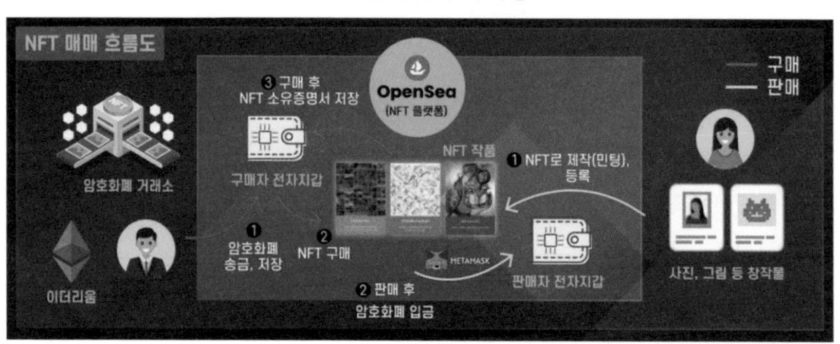

오리진 프로토콜

출처: 오리진 프로토콜

마켓플레이스에서 판매와 구매를 할 수가 있습니다.

일부 NFT 플랫폼의 경우에는 투자자가 가상화폐를 직접 구매하지 않고 신용카드로 NFT를 살 수 있도록 하고 있는데요, 오리진 프로토콜은 2021년 9월 14일 스페이스X가 추진하는 민간 우주여행인 '인스퍼레이션 4(Inspiration 4)'를 위한 NFT를 발행한다고 밝혔고, 신용카드로 결제할 수 있도록 했습니다.

또한 신용카드와 카카오페이로 NFT를 살 수 있는 NFT 마켓플레이스 메타아트(Meta Art)도 문을 열었는데요, 더 많은 이용자가 NFT를 구매할 수 있도록 온라인 신용카드 결제를 지원한다고 2021년 10월 발표했습니다. 코인베이스도 2022년 1월에 사용자들이 신용카드로 NFT를 구매할 수 있도록 마스터카드와 업무협약을 맺었는데요, 코인베이스는 2021년 10월에 NFT 마켓플레이스를 오픈했고, 코인베이스에서 NFT를 거래하려면 코인베이스 지갑을 연결하고 이더리움(ETH) 등 가상화폐로 결제해야 합니다. 코인베이스는 많은 사람이 NFT 커뮤니티에 들어올 수 있도록 결제를 단순화

라인 넥스트가 준비 중인 도시(DOSI)

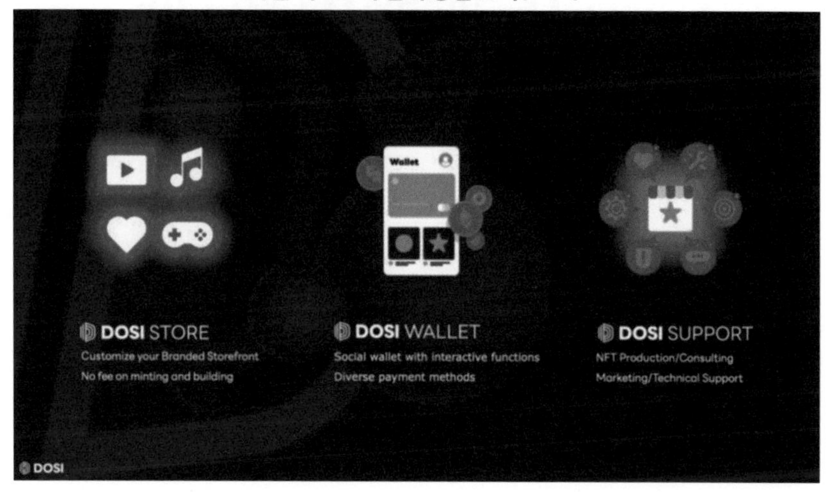

출처: 라인

하고자 한다며 마스터카드로 결제하는 방식을 지원하겠다고 밝혔습니다.

한국과 미국에 사무소를 둔 라인 넥스트(LINE NEXT)도 NFT 시장 진출을 본격화하고 있는데요, 가상화폐 결제는 물론 신용카드 결제와 간편결제도 지원하는 NFT 거래 플랫폼을 준비하고 있습니다. 2021년 라인(LINE)은 차세대 먹거리로 NFT를 제시한 바 있고, NFT 플랫폼 '도시(DOSI)'의 출시를 예고했습니다. '도시(DOSI)'는 전 세계 180개국을 대상으로 8개 언어를 지원하는 NFT 퍼블리싱 플랫폼으로 한국어의 도시(City)에 어원이 있는데요, 전 세계 창작자, 기업 그리고 팬들이 스스로 가상 경제권과 도시를 만들어간다는 의미입니다. 신용카드 결제가 늘어나면 더욱 많은 사람이 NFT에 쉽게 접근할 수 있을 것으로 전망됩니다.

NFT는 세상에서 단 하나만 존재하는 건가요?

NFT는 다양한 옵션을 적용해 발행할 수 있고, 블록체인에 거래정보가 기록되어 거래 내역이 투명하게 공개되며 스마트 계약 설정을 통해 최초 창작자가 계속해서 수익을 창출할 수 있는 모델을 만들 수 있습니다.

기본적으로 모든 NFT에는 고유 ID가 부여되기 때문에 유일무이한 특성이 있습니다. 다만 하나의 창작물을 NFT로 발행할 때 몇 개를 발행할 것인지 결정할 수 있습니다. 예를 들면, 제가 그린 그림 JPG를 NFT로 발행하는데 한 개를 발행할 수도 있고 5개를 발행할 수도 있습니다. 물론 더 많이 발행할 수도 있습니다.

다음에 나오는 그림은 오픈씨(OpenSea)에서 NFT를 발행하는 화면의 중간 화면인데요, 발행 수를 입력하는 공급(Supply) 칸에 몇 개를 발행할지 정할 수가 있습니다.

제가 그린 그림 JPG를 NFT로 5개 발행했다면, 그림의 외관은 하나인데 고유 ID는 5개가 생성되면서 5개의 NFT가 만들어지게 되는 것입니다. 간

NFT 발행 과정 중 개수를 결정하는 화면

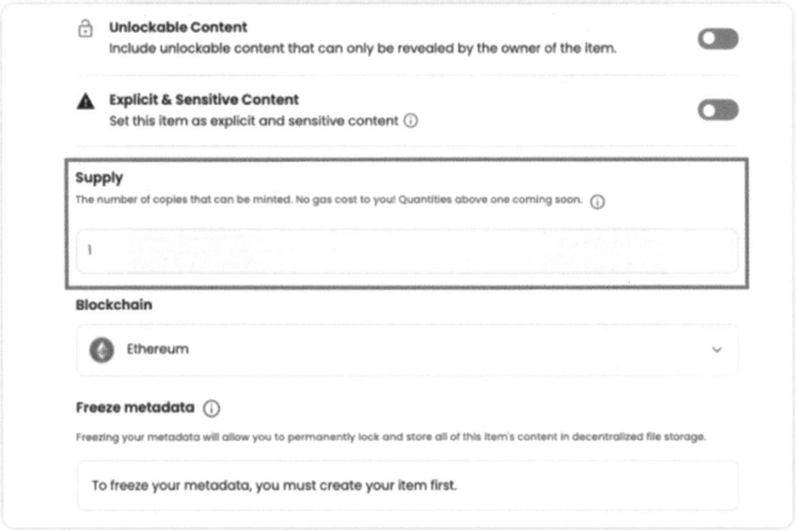

Unlockable Content
Include unlockable content that can only be revealed by the owner of the item.

Explicit & Sensitive Content
Set this item as explicit and sensitive content

Supply
The number of copies that can be minted. No gas cost to you! Quantities above one coming soon.

1

Blockchain

Ethereum

Freeze metadata

Freezing your metadata will allow you to permanently lock and store all of this item's content in decentralized file storage.

To freeze your metadata, you must create your item first.

자료: 오픈씨

송미술관은 훈민정음 해례본을 NFT로 100개 발행하고, 개당 1억 원에 판매하기도 했습니다. 이처럼 NFT는 디지털 자산을 소유할 수 있는 새로운 방식이고, 분할 소유도 할 수 있는 등 다양한 특성이 있습니다.

2021년 12월 기준, 세상에서 가장 비싼 NFT 작품이 등장했습니다. 작가 Pak의 'Merge'라는 작품인데요, NFT 거래 플랫폼 Nifty Gateway에서 한화 약 1,080억에 판매되었습니다. 역대 NFT 작품 중 최고가이면서, 생존 작가 중 데미안 허스트에 이어 역대 3위의 판매액입니다. 다만 구매자가 한 명이 아니라 2만 8,983명인데요, 수량 제한 없이 구매 개수에 따라 NFT 질량이 달라지는 '매스' 방식을 통해 하나의 작품을 312,686개의 토큰으로 나눠 구매한 것입니다.

작가 Pak의 'Merge'

자료: Nifty Gateway

또한 NFT는 블록체인에 거래정보가 기록되어 투명하게 공개됩니다. 마치 현실의 부동산 등기부 등본과 비슷한데요, 현실에서 제가 건물을 가지고 있다면 등기부 등본을 통해 건물의 현 소유자, 위치, 과거 소유권 이전 사항 등 다양한 정보를 확인할 수 있죠. NFT도 현재 누가 소유하고 있는지, 소유권이 어떻게 변해왔는지 확인할 수 있습니다. 마치 디지털 등기부 등본과 같은 개념으로 이해하시면 쉬울 것 같습니다.

아래 그림은 NFT 프로젝트 중 하나인 BAYC(Bored Ape Yacht Club)에서 발행한 1만 개의 원숭이 중 하나인 #2087의 거래 관련 정보를 오픈씨(OpenSea)에서 확인한 화면입니다. 누구나 쉽게 확인할 수 있습니다. 해당 NFT의 가격이 현재 얼마인지, 어떻게 변화했는지, 현재는 066317이라는 사람이 소유하고 있고, 과거에 누가 누구에게 어떤 가격에 팔았는지 모두 기록되어 있습니다.

오픈씨(OpenSea)에 공개된 BAYC(Bored Ape Yacht Club) #2087 거래정보

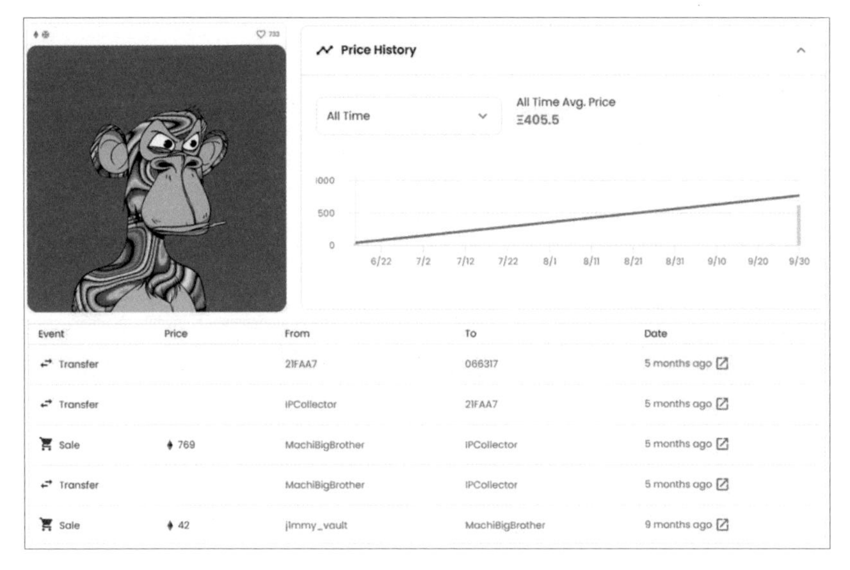

자료: 오픈씨

NFT의 또 다른 특징 중 하나는 스마트 계약(Smart Contract)* 설정이 가능하다는 것입니다. 스마트 계약은 거래 시 특정 조건이 이행되어야 소유권이 이전되는 것을 뜻하는데요, 디지털 창작자에게 매우 유용한 기능입니다.

> **스마트 계약(Smart Contract)**
> 계약 당사자가 사전에 협의한 내용을 미리 프로그래밍해 전자 계약서 문서 안에 넣어두고, 이 계약 조건이 모두 충족되면 자동으로 계약 내용이 실행되도록 하는 시스템

예를 들면 제가 만든 JPG를 NFT로 발행하면서 제가 스마트 계약에 "나의 NFT가 거래될 때마다 거래금액의 10%는 계속 나에게 지급한다"라는 설정이 가능한 것이죠. 제가 JPG NFT를 100만 원에 A라는 사람에게 팔았다면 저는 중개 수수료를 제외한 금액

스마트 계약(Smart Contract)

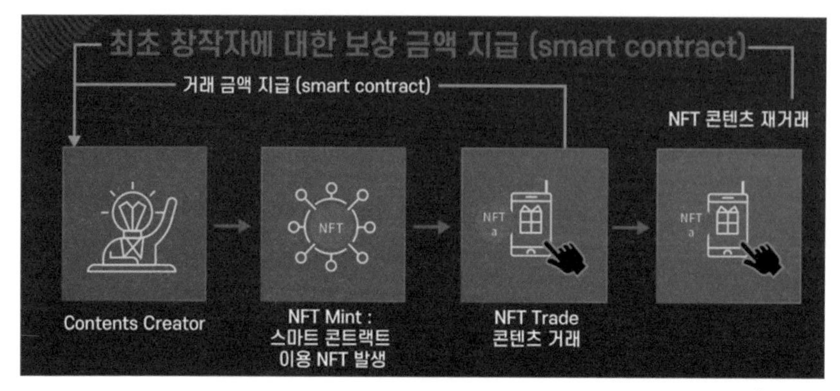

자료: KISA

으로 수익을 창출하게 됩니다. 나중에 A라는 사람이 B라는 사람에게 200만 원에 JPG NFT를 판매하면 저는 또 거래금액의 10%인 20만 원을 벌 수 있게 되는 거죠. 이후에 거래가 계속되어 판매될 때마다 수익을 낼 수 있습니다.

오픈씨(OpenSea) 스마트 계약 설정 화면

Setting your creator earnings

To set your creator earnings, simply go to your collection editor and adjust the **percentage** field. You can set a percentage of **up to 10%**.

Creator Earnings

Collect a fee when a user re-sells an item you originally created. This is deducted from the final sale price and paid monthly to a payout address of your choosing.
Learn more about creator earnings.

Percentage fee

10.00

자료: 오픈씨

실제 오픈씨(OpenSea)에서 NFT를 발행할 때 위와 같이 크리에이터 수익(Creator earning)을 입력하는 칸이 있습니다. 최대 10%까지 스마트 계약 수익 비율을 크리에이터가 정해서 입력하도록 한 것이죠. 이처럼 NFT를 통해 다양한 방식으로 디지털 자산을 소유하고 수익을 창출하는 방안이 존재합니다.

인터넷에서 계속 복제되는데 NFT 소유권이 의미가 있나요?

인터넷에 아무리 많은 복제본이 존재해도 NFT로 디지털 자산의 소유권과 진위의 판단이 가능해져서 창작자의 소유를 증명할 수 있습니다. 오히려 복제본이 많아질수록 더 많은 사람에게 알려지고, 창작자의 가치가 높아질 수 있습니다.

내가 멋진 디지털 그림을 그렸는데, 아무도 내가 그렸는지도 모르고 소유권도 증명할 방법이 없다면 정말 속상한 일이겠죠. 하지만 이제 디지털 정품 인증과 소유권 증명이 가능하다면, 오히려 인터넷에 복제본이 많이 공유되는 것이 더 좋을 수도 있습니다. 인터넷에 유포가 많이 되면 될수록 그림을 보는 사람은 늘어나고, 누가 이 그림을 그렸는지 관심을 보이게 됩니다. 또한 그러면서 창작자의 다른 작품에 관심을 가질 수도 있고, 커뮤니티의 일원이 될 수 있겠죠.

네트워크 효과가 생기면서 그림의 가치를 더 높일 수도 있습니다. 물론 중요한 전제가 있어야 할 텐데요, 예를 들어 제가 그림 디지털 원본을 복제와 공유를 넘어 사칭해 수익 활동을 하는 것은 분명 문제가 될 수 있습니다.

날마다, 첫 5000일(Every days: The First 5000 Days)

자료: 오픈씨

2021년 3월, 크리스티(Christie's) 뉴욕 경매에서 디지털 예술가인 비플(beeple)의 NFT 작품인 '날마다, 첫 5000일(Every days: The First 5000 Days)'은 6,930만 달러(약 828억 원)에 판매되었습니다. 이 디지털 그림은 전 세계에 퍼지고 있고, NFT 이슈를 논의할 때마다 등장합니다. 여러분이 보시는 이 책에도 있죠. 이 그림을 디지털 액자에 넣어 집에 걸어두어도 사람들은 원작자가 누군지 알고 있습니다. 비플은 더 유명해졌고, 비플의 다른 작품들도 주목받으며 거래되고 있습니다.

NFT 발행 이후, 비플의 많은 작품은 오픈씨(OpenSea)에서 볼 수 있고, 거래도 할 수 있게 되었죠. 비플에 관심이 있던 팬들은 작품들을 다 볼 수 있는 기회가 생겼습니다. 이전에는 비플을 모르던 사람이 관심을 가질 수도 있고, 오픈씨에 방문해서 어떤 다른 그림이 있는지 구경도 할 수 있습니다.

'날마다, 첫 5000일(Every days: The First 5000 Days)' 작품이 NFT로 발

오픈씨(OpenSea)의 비플 페이지

자료: 오픈씨

행되기 전에 비플의 트위터 팔로워 수는 20만 명대를 유지하고 있었습니다. 그러다가 NFT 작품이 팔린 이후에 트위터 팔로워 수는 2022년 2월 기준 60만 명에 육박하고 있습니다. 복제물, 즉 짝퉁이 역설적으로 진품과 원작자의 가치를 높이기도 하는 것이죠.

짝퉁의 역설과 관련한 흥미로운 연구가 있었는데요, 콜로라도대학교 리드경영대학원의 데이비드 발킨 교수 등은 기업들이 해적판이나 짝퉁을 용인해야 할 4가지 이유가 있다는 연구 결과를 발표했습니다.

첫 번째는 짝퉁의 '네트워크 효과(Network effect)'입니다. 네트워크 효과란 사용자가 늘어나면서 해당 상품의 가치가 높아지는 현상을 의미합니다. 전화기의 경우 사용자가 한 명이면 다른 사람과 통화할 수 없어 경제적 가치가 거의 없지만, 이용자가 100만 명으로 늘어나면 통화할 수 있는 사람이 늘어나서 가치가 높아지게 되죠.

마찬가지로 짝퉁이든 불법 복제이든 사용자가 늘어남에 따라 상품의 가치가 높아질 수 있다는 것입니다. 과거에 다수의 국가에서 워드나 엑셀 등 오피스 프로그램은 대부분 불법 복제되어 사용되었는데요, 시간이 지나면

비플의 트위터

자료: 트위터

서 해당 제품에 익숙해진 이용자들은 정품 소프트웨어를 사서 사용하거나, 다른 사람들에게도 해당 제품을 사용하라고 권하기도 했다는 겁니다. 결국 나중에 정품 소프트웨어 판매량이 급증했죠.

두 번째 이유는 '암시 효과(Signal effect)'입니다. 짝퉁을 자주 보면 구매할 확률이 높아진다는 거죠. 짝퉁이라 하더라도 길거리에서 명품 핸드백을 자주 보게 되면, 사람들은 아내를 위한 선물로 자주 본 명품을 선택할 확률이 높아진다는 것입니다. 많이 듣거나 본 제품을 구매하는 암시 효과 때문이죠. 그런 이유로 비플의 작품에 자주 노출되면 구매하거나 추천할 확률이 상대적으로 높아지는 것입니다.

세 번째 이유는 '밴드왜건 효과(Bandwagon effect)'인데요, 밴드왜건은 악단을 선도하는 차(車)를 의미하는데 의사결정이 이루어질 때 강자나 다수파를 따라가는 심리 현상을 뜻합니다. 특정 그룹의 리더인 사람들이 짝퉁이나 복제본을 먼저 경험한 후에 좋은 평가를 하면 다른 사람들도 같은 제품을 살 확률이 매우 높아지는 것이죠. 디지털 아트 분야의 리더들이 비플의 작품을 구매하지 않고 복제본을 보고 좋은 평가를 하게 되면 다른 사람들이 영향을 받는다는 거죠.

마지막 이유는 '양떼 효과(Herding effect)'입니다. 양떼 효과는 사람들이 무리에 떨어지기 싫어한다는 거죠. 주변의 많은 사람이 계속 NFT를 이야기 하고 구매하면 사람들은 뒤처지지 않기 위해 NFT에 더욱 관심을 갖고 구매도 고려해보게 됩니다. NFT와 디지털 원본의 복제 문제도 이러한 관점에서 같이 해석해보면 좋을 것 같습니다.

NFT를 사면 자랑하거나 거래할 곳이 많이 있나요?

트위터 블루기능을 통해 원본 NFT의 소유를 증명할 수 있으며, 이외에도 다양한 오프라인 NFT 갤러리, NFT 거래지원 TV, 마켓플레이스를 통해 내가 가진 NFT를 전시해 보여주고, 거래도 할 수 있습니다.

"NFT를 사서 암호화폐 지갑에 저장하면 어디 자랑할 곳도 없고 어디에 쓰지?"라고 생각하실 수 있습니다. 2022년 1월 브라질 축구 스타 네이마르가 트위터 프로필을 자신이 구입한 BAYC(Bored Ape Yacht Club) NFT #6633으로 변경했습니다. 네이마르는 해당 NFT를 159.99 ETH에 구매했다고 합니다. 이처럼 많은 셀럽이 자신의 트위터에 NFT를 프로필로 사용하고 있는데요. 이를 프로필 픽처(Profile Picture)의 줄임말인 'PFP'로 표현하기도 합니다. 크립토펑크나 BAYC 등의 프로젝트가 PFP NFT의 대표주자입니다.

BAYC NFT #6633의 원본과 소유권은 네이마르에게 있지만, 저도 네이마르가 구입한 BAYC NFT #6633 이미지를 복사해 제 트위터 프로필로

네이마르의 트위터

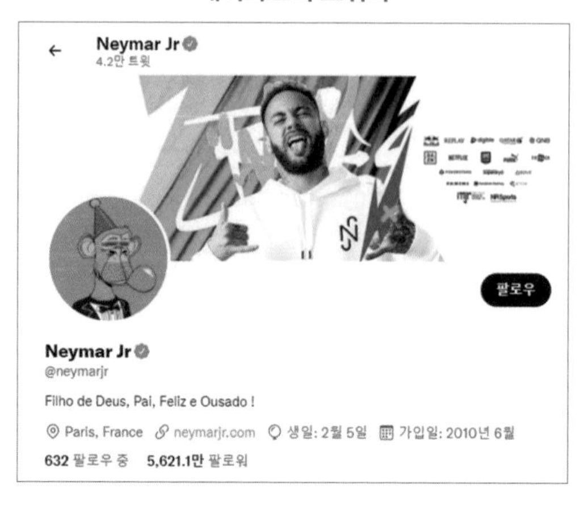

자료: 트위터

사용할 수 있습니다. 동그란 모양의 프로필 사진 위치에 같은 이미지를 사용하면 네이마르와 같은 프로필 사진을 만들 수 있죠. 하지만 이제 네이마르가 트위터가 새로 도입한 '트위터 블루'에 가입하고 지금 사용하고 있는 BAYC NFT #6633 이미지를 업로드하면 동그란 트위터 프로필 사진이 육각형 모양으로 변하고, 그렇게 되면 저는 더 이상 같은 프로필 사진을 만들 수 없습니다.

트위터 블루는 여러 가지 트위터의 추가 기능을 지원하는데, 그중에서 사용자들은 자신의 암호화폐 지갑을 트위터에 연동할 수 있고, 보유한 NFT를 프로필 사진으로 사용할 경우 프로필 사진 모양이 육각형으로 변하게 됩니다. 이제 트위터 프로필 사진에 육각형 모형이 보이면 진짜 NFT를 보유하고 있는 사람이라는 걸 알 수 있습니다. NFT 프로필을 설정한 사용자의 프로필을 누르면 해당 NFT가 오픈씨 등 어떤 마켓플레이스에서 인증되었

트위터 블루의 NFT 프로필 추가 기능

자료: 트위터

는지 확인할 수 있습니다. 전 세계에서 트위터를 사용하는 사람이 3.8억 명인데 이들에게 내가 진짜 NFT를 가지고 있다고 자랑할 수 있게 되었습니다.

메타(Meta)도 페이스북과 인스타그램에 NFT를 도입하려고 준비하고 있다고 합니다. 페이스북 및 인스타그램 등 SNS 프로필에 NFT를 연동할 수 있는 기능을 개발중이며, NFT 프로필 연동 기능 외에도 메타는 사용자가 NFT를 발행하거나 NFT를 직접 사고팔 수 있는 마켓플레이스 출시에 대해서도 검토하고 있다고 합니다.

전 세계 페이스북 사용자가 약 30억 명, 인스타그램 사용자가 20억 명임을 고려하면 SNS에도 NFT의 바람이 불며 프로필들에서 저마다의 NFT를

슈퍼치프의 뉴욕 NFT 전시회

자료: 슈퍼치프(Superchief)

Vellum LA의 NFT 전시회

자료: Vellum LA

삼성전자의 NFT 거래지원 TV

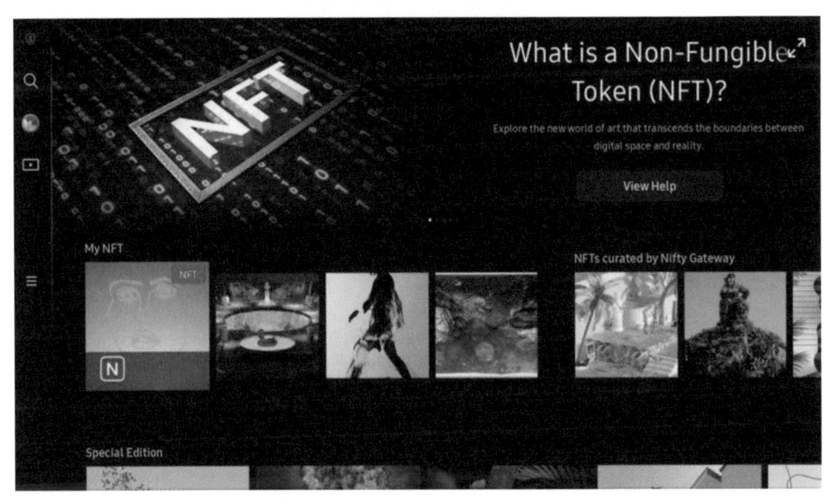

자료: 삼성전자

사용하며 소통하게 될 것 같습니다.

트위터 NFT 프로필 외에도 오픈씨 등 다양한 마켓플레이스에 올리고 거래를 할 수도 있으며, 오프라인 NFT 갤러리에서도 전시할 기회가 생겨나고 있습니다.

2021년 3월, 미국 예술가 집단 슈퍼치프(Superchief)는 뉴욕 유니언스퀘어 인근에 오프라인 NFT 전시 갤러리를 개장했습니다. 일반 오프라인 갤러리는 액자에 그림이 있지만, 슈퍼치프는 고해상도 디지털 아트 디스플레이 제조사 블랙도브(Blackdove)와 협력해 디지털 캔버스를 활용해서 전시했습니다. 300명 이상의 아티스트가 NFT 전시회 '시즌 원 스타터 팩(Season One Starter Pack)'에 참여했습니다. 참여 아티스트들의 전시된 작품 중 일부를 경매했으며, 갤러리는 가상자산과 신용카드 결제를 지원했다고 합니다.

2021년 9월, NFT 디지털 아트 갤러리인 Vellum LA도 전시회를 개최했습니다. 50만 달러에 팔린 세계 최초 NFT 가상 주택 '마스 하우스(Mars House)'를 제작했던 캐나다 한인 작가 크리스타 김을 비롯해 샘 클로버, 클라우디아 하트 등 다양한 작가의 NFT 작품이 전시되었습니다. NFT 마켓플레이스인 슈퍼레어(SuperRare)와 협력해 라이브 NFT 경매에 참여할 수 있었으며, 24만 7천만 달러의 NFT가 판매되었다고 합니다.

2022년 3월, 현대백화점은 국내 최초로 디지털 NFT 갤러리를 오픈했습니다. 메타콩즈 NFT 6개를 포함해 가수 선미가 참여한 NFT 프로젝트 '선미야 클럽'과 '르네상스 NFT'로 화제가 된 유근상 작가의 NFT 등이 전시되었습니다. 추첨을 통해 16명에게 NFT 경품도 지급했는데요, 당첨자에게는 개인 명의의 암호화폐 지갑 카이카스에 NFT를 지급했습니다. 이제 경품을 NFT로 지급하니 암호화폐 지갑은 미리 준비하셔야 할 것 같습니다.

향후 TV를 통해서도 NFT를 전시하거나 거래하게 될 것 같은데요, 삼성전자는 NFT 마켓플레이스 니프티 게이트웨이(Nifty Gateway)와 협력해 TV에서도 NFT를 거래할 수 있도록 준비하고 있습니다.

NFT는 가상에만 존재하나요? 현실에서 얻는 혜택은 무엇인가요?

NFT를 구매한다는 의미는 기본적으로 가상자산을 소유한다는 의미를 갖지만, 최근 다양한 NFT 프로젝트들은 가상자산과 함께 실물자산을 같이 제공해 대중들이 참여할 수 있는 기반을 제공하고 있습니다.

NFT는 디지털 자산에 대한 진품 인증과 소유권을 증빙해주기 때문에 가상세계에서의 경제활동에서 중요한 역할을 합니다. 하지만 영향력이 가상세계 안에서만 국한되어 있지는 않습니다. NFT를 소유했을 때, 현실과 가상에서 모두 혜택을 누릴 수 있도록 지원하는 대중화된 프로젝트들이 구상되고 있습니다.

2022년 1월, 가상과 현실에서 동시에 열린 호주오픈(AO, Australian Open) 경기가 그러한 사례입니다. 4대 메이저 테니스 대회 중 하나이며, 매년 10억 명이 관람하는 호주오픈이 2022년 1월에 현실과 함께 블록체인 기반 메타버스 플랫폼 디센트럴랜드에서 개최되었습니다. 먼저 팬들이 참여할 수 있는 NFT 프로젝트로 추진되었는데요, 실제 선수들의 경기는 오프

AO NFT 아트 볼

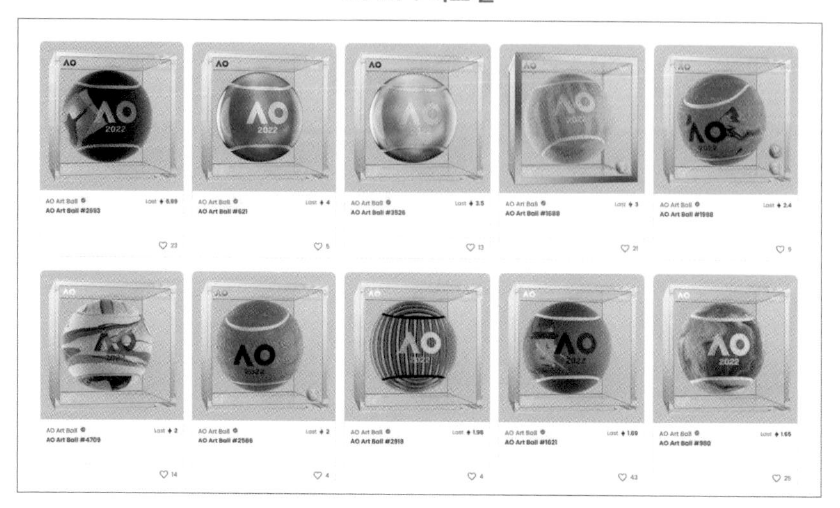

자료: 호주오픈(AO)

라인에서 열리지만 디센트럴랜드 안에 테니스 경기장과 다양한 부대시설이 가상으로 제작되었고 테니스 팬들은 그 안에서 경기 관람, 게임 등 다양한 활동을 할 수 있도록 만들었습니다. 팬들은 구경뿐만 아니라 NFT를 구매할 수도 있는데요, 주최 측은 아티스트와 협업해 가상의 NFT 테니스 아트 볼(Art Ball) 6,776개를 발매했고, 각각의 볼은 0.067 ETH에 3분 만에 완판되었습니다.

주최 측은 NFT 구매로 실물 공도 소유할 수 있는 기회를 부여했는데요, 6,776개의 NFT 아트 볼은 실제 테니스 코트와 1:1로 매칭되어 있습니다. 즉 테니스 코트를 6,776개의 구역으로 나누고 각 구역에 NFT 아트 볼을 매칭시킨 것이죠. 토너먼트 600경기가 진행되는 동안 각 경기의 위닝샷(승부를 결정짓는 포인트) 구역의 NFT 아트 볼에 점수가 부여되고 높은 점수를 부

AO 경기 위닝포인트와 해당 구역의 아트 볼

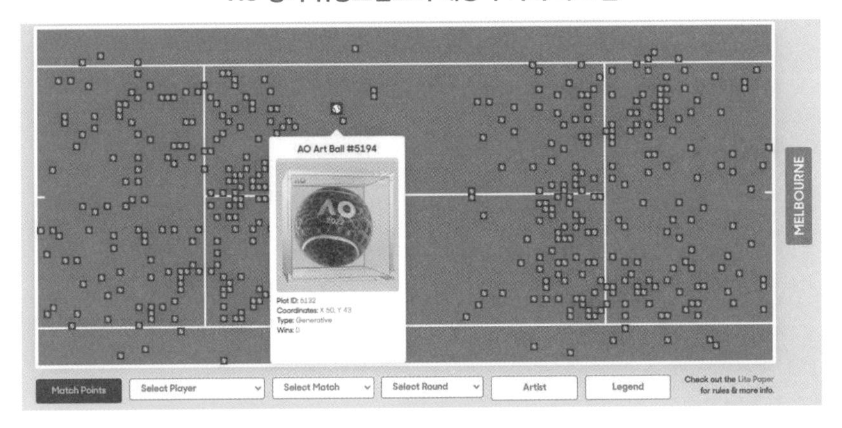

자료: 호주오픈

여받은 아트 볼 소유자에게는 웨어러블 NFT 등 다양한 혜택을 주었습니다.

600개 경기 중, 11개의 챔피언 경기 위닝포인트 샷의 경우에는 아트 볼 소유자에게 실제 경기에서 사용된 테니스 공도 함께 주어 참가자에게 새로운 경험을 제공했습니다.

NFT 소유한 참가자에게 가상과 현실을 동시에 경험하게 한 것입니다.

(좌) 위닝포인트 실제 공, (우) AO 가상경기장

자료: 호주오픈

주요 AO 아트 볼의 거래 가격

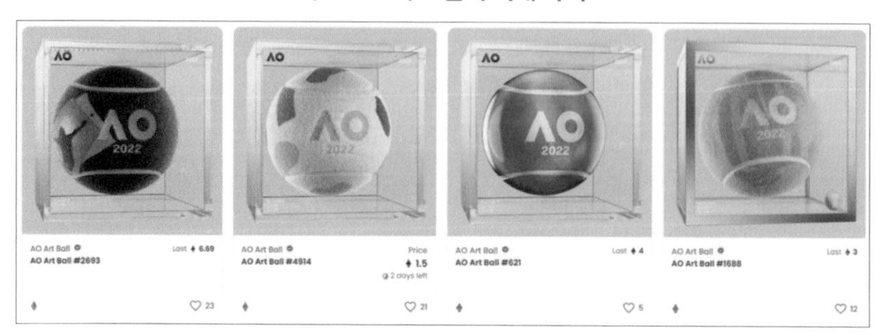

자료: 오픈씨

팬들은 디센트럴랜드에서 열린 호주오픈(AO) 경기를 통해 가상과 현실의 테니스 공과 승리의 순간을 모두 소유할 수 있었고, 이를 판매하면 수익을 창출할 수 있게 되었죠. 0.067 ETH에 발매된 아트 볼 #2693은 6.69 ETH로 거래되었는데요, 앞으로도 가상과 현실을 오가는 새로운 메타버스 경기

블록바닷컴(BlockBar.com)이 운영하는 명품 주류 NFT 마켓

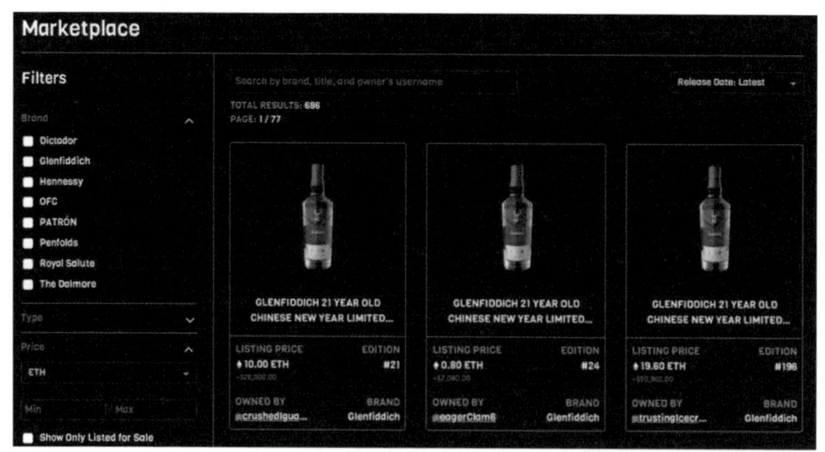

자료: 블록바닷컴(BlockBar.com)

를 관람할 수 있게 될 것 같습니다.

NFT가 있어야만 한정판 와인, 테킬라 등 프리미엄 주류를 구매할 수 있는 서비스도 있습니다. 블록바닷컴(BlockBar.com)은 명품 주류 브랜드와 협업해 한정판으로 제조된 병과 주류를 소유할 수 있는 NFT를 발행하고 마켓플레이스도 운영해 거래할 수 있도록 하고 있습니다. 결제는 가상화폐와 신용카드를 모두 지원하고 있습니다.

린제이 로한을 비롯한 영화배우, 유명한 TV스타, 크리에이터, 가수 등 유명 인사를 만날 수 있도록 연결하는 NFT 플랫폼도 있는데요, 슈퍼팬덤(Superfandom)은 유명 인사와 함께 시간을 보낼 수 있는 대체 불가능한 경험을 제공하는 NFT(Experiential NFT)를 발행하고 있습니다. 슈퍼팬덤은 팬들이 좋아하는 연예인을 만나 실제 생활에서 소통할 수 있는 기회를 제공합니다.

슈퍼팬덤(Superfandom)

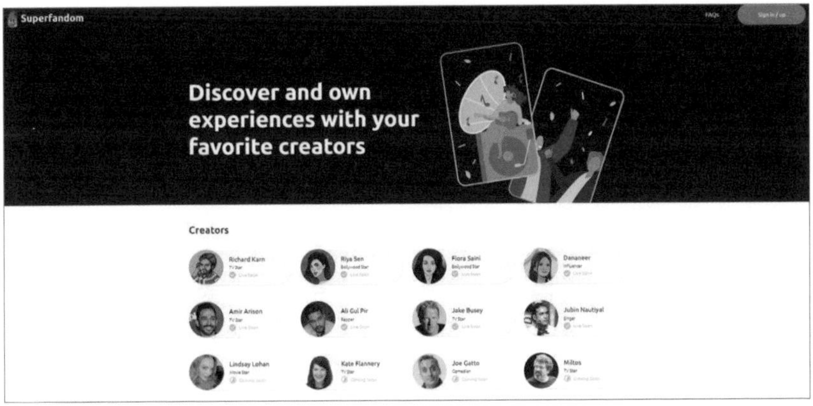

자료: 슈퍼팬덤(Superfandom)

아디다스의 '메타버스 속으로' NFT 프로젝트

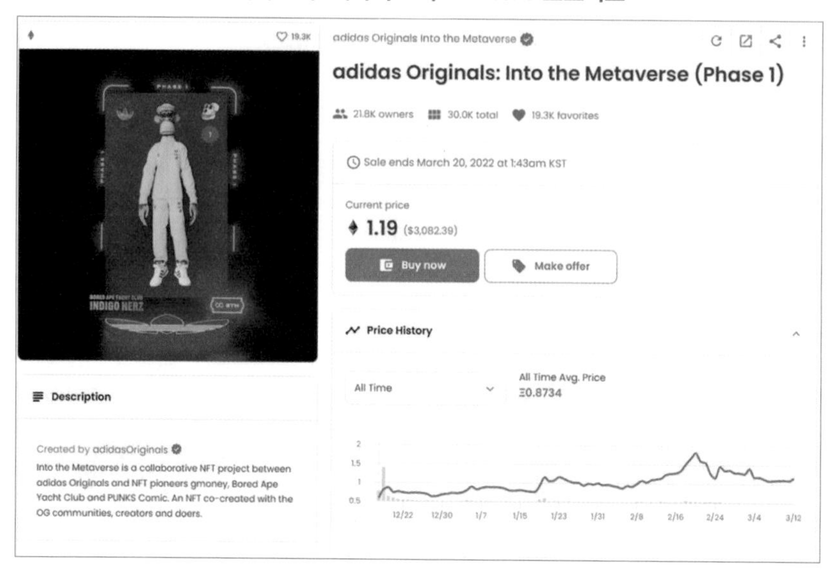

자료: 오픈씨

예를 들어 유명 셰프의 경우 팬을 위해 요리하고 함께 식사할 수도 있습니다. 함께 골프를 치거나 혹은 영상을 촬영하는 등 슈퍼팬덤에 참여하는 유명 인사들은 자신이 제공할 수 있는 특별한 경험을 준비하고 이 서비스가 NFT로 발행되는 것이죠. 팬과 직접 만나 소통하고 NFT를 통해 커뮤니티를 유지할 수 있는 기회가 열린 것입니다.

아디다스는 '메타버스 속으로(Into the Metaverse)'라는 NFT 프로젝트를 진행했습니다. NFT 총 3만 개를 개당 0.2 ETH, 약 765달러(약 90만 원)에 판매해서 270억 원 이상의 수익을 창출했는데요, 아디다스는 원숭이 그림을 NFT로 만들어 판매하는 BAYC와 만화를 소재로 한 펑크스 코믹, 그리고 NFT 수집인 지머니 등과 협력해 '메타버스 속으로' NFT를 출시했습니다. 이 NFT를 구매하면 후드티, 운동화 등 아디다스의 실물 제품과 디지털 상품을 모두 소유할 수 있습니다. 아디다스는 BAYC, 지머니 등을 대상으로 NFT 2만 개를 먼저 구매할 수 있도록 하고, 나머지 1만 개 중 380개를 제외한 9,620개를 일반 판매했습니다. 0.2 ETH였던 NFT 가격은 2022년 3월 기준 1.19 ETH로 약 6배 상승했습니다.

많은 NFT 프로젝트들이 고가이기도 하고 가상으로만 소유하면서 대중들에게 쉽게 다가서지 못하는 경향이 있었는데요, 이러한 인식을 바꿔줄 다양한 프로젝트들이 시도되고 있습니다. 이제 가상과 현실을 연동한 다양한 프로젝트들에 주목하고 해당 프로젝트와 연계되는 메타버스 플랫폼에 관심을 가져볼 필요가 있습니다.

원숭이 NFT 그림 파일, 도대체 왜 이걸 수십억 원에 사나요?

BAYC NFT를 구매하면 소유자는 이를 활용해 새로운 가치를 만들 수 있고, BAYC를 발행한 유가랩스(YugaLabs)는 소유자에게만 주어지는 지속적인 혜택을 제공해 NFT 소유 가치를 높이고 있습니다.

유가랩스(YugaLabs)가 2021년 4월에 발행한 NFT 프로젝트가 있습니다. 바로 BAYC(Bored Ape Yacht Club)라는 프로젝트인데요, 가상화폐 가격의 상승으로 부자가 되어 세상 모든 것이 지루해진 원숭이들을 뜻한다고 합니다.

1만 개의 NFT 원숭이가 제각각 다른 모습으로 발행되었는데요, 2022년 4월 4일 기준으로 이 1만 개의 원숭이 그림 중 가장 낮은 NFT의 가격, 즉 바닥가격(Floor price)은 발행 이후 계속 상승해서 105 ETH(이더)로 약 4억 원에 달합니다. 이 원숭이 NFT 그림 하나를 왜 수억씩 주고 사는 걸까요?

BAYC NFT를 가진 사람들은 그들만의 폐쇄적인 커뮤니티를 형성하고 있는데요, 커뮤니티 로그인은 물론 게시판에도 다른 사람은 글을 쓸 수 없습니다.

또한 많은 유명 인사들이 BAYC NFT를 소유하고 자신들의 트위터 프로필 사진으로 사용하고 있습니다. 농구스타 스테판 커리, 축구스타 네이마르, 가수 저스틴 비버, 스눕독 등 스무 명이 넘는 셀럽들이 BAYC NFT를 가지고 있습니다. 그리고 유가랩스는 BAYC NFT를 가지고 있는 사람들만 참석할 수 있는 오프라인 모임과 전시회도 개최하는 등 다양한 방식으로 BAYC NFT의 희소성을 높이고 소유자들에게 가치를 부여하고 있습니다.

BAYC(Bored Ape Yacht Club)

자료: boredapeyachtclub.com

유가랩스는 BAYC Kennel Club이라는 NFT 프로젝트를 추가로 진행했는데요, BAYC NFT를 소유한 사람들 중에서 희망자에게 무료로 강아지 NFT를 제공했습니다. 이 강아지 NFT는 2022년 4월 4일 기준 바닥가격(Floor price)이 7.24 ETH(이더)로 거래되고 있습니다. BAYC NFT 소유자 입장에서는 원화로 약 2,800만 원 이상의 수익이 공짜로 생긴 것이죠.

여기서 그치지 않고 MAYC(Mutant Ape Yacht Club)라는 NFT 프로젝트도 추가로 진행했습니다. 2만 마리의 변종 원숭이 NFT를 생성해, 1만 개는 BAYC NFT 소유자에게 나누어주고 나머지는 판매했습니다. 2022년 4월 4일 기준, 오픈씨에서 MAYC의 바닥가격은 23.5 ETH(이더)입니다. 원화로 환산하면 8천만 원이 넘는 수익이 생긴 것입니다. BAYC NFT를 사서 보유

BAYC(Bored Ape Yacht Club) 바닥가격(Floor price) 변화

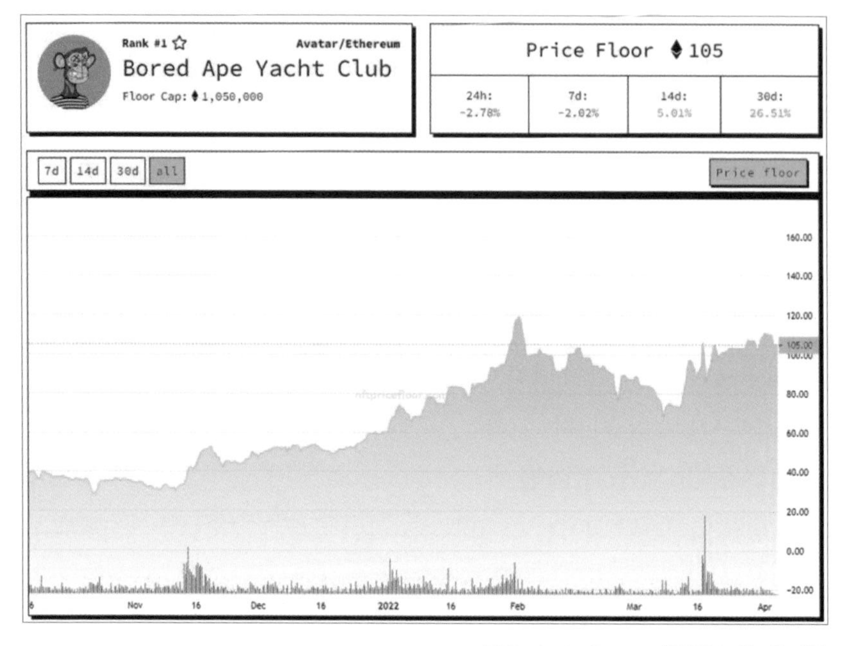

자료: nftpricefloor.com(2022년 4월 4일 기준)

BAYC NFT를 가진 사람들만의 커뮤니티와 게시판

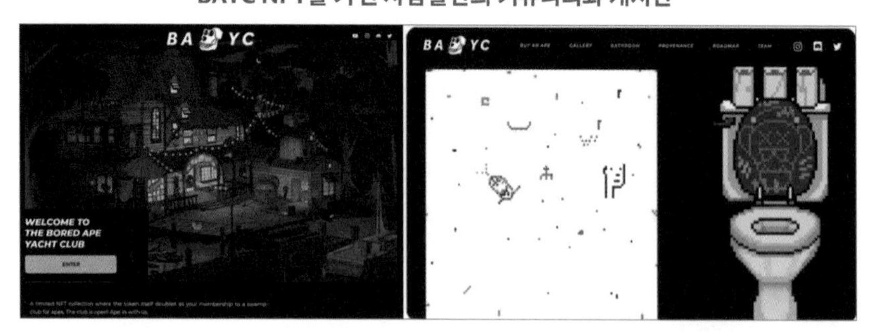

자료: boredapeyachtclub.com

스테판 커리의 트위터

자료: 트위터

하고 있으니 계속 추가 수익이 생기고 있는 거죠.

또한 유가랩스는 BAYC NFT 소유자에게 저작권과 소유권을 모두 주었는데요, 소유자는 자신의 BAYC 이미지로 다양한 창작활동을 하며 부가가치를 만들어내고 있습니다.

픽셀아트 작가 팀퍼스(Timpers)는 지루한 원숭이 연대기를 제작해 자신

BAYC Kennel Club

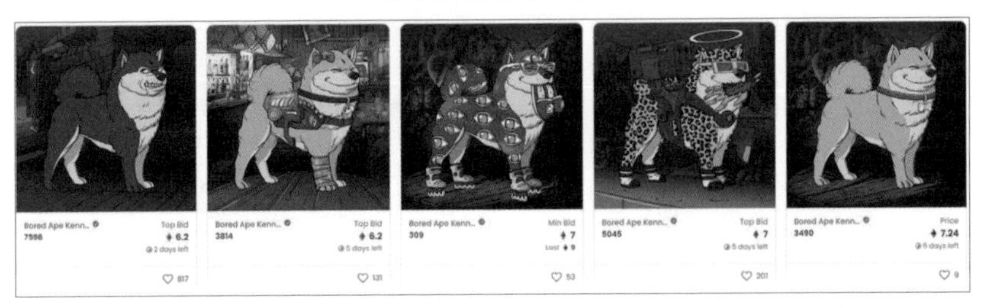

자료: opensea.io

MAYC(Mutant Ape Yacht Club)

자료: opensea.io

만의 스토리와 그에 맞는 NFT 옷을 추가로 발행했습니다.

이외에도 BAYC NFT를 가진 사람들은 만화, 애니메이션, 와인, 저술활동 등 다양한 오프라인 활동과 연계해 자신의 창작 능력을 알리고 이를 활용해서 수익을 확대해나갔습니다.

BAYC가 주목받자 유니버셜 뮤직그룹(Universal Music Group)은 BAYC NFT로 메타버스 4인조 밴드 KINGSHIP을 결성했고, 뮤지션 팀버랜드(Timbaland)는 BAYC를 사용해 음악 연주, NFT를 판매하는 프로덕션 AIP(Ape-In Productions)를 시작했습니다.

픽셀아트 작가 팀퍼스(Timpers)의 지루한 원숭이 연대기

자료: www.nft-insight.com

BAYC NFT를 활용한 다양한 활동

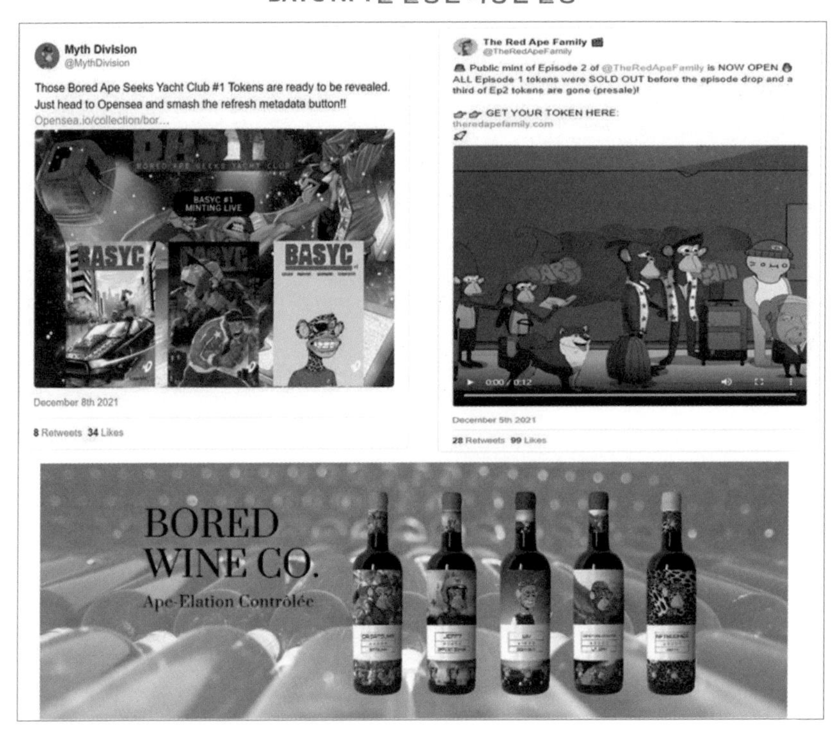

자료: www.nft-insight.com

이외에도 유가랩스는 BAYC를 활용한 P2E(Play to Earn)* 게임을 제작중이며, 자체 코인 APE를 발행하기도 했습니다. 2022년 3월에는 라바랩스(Larva Labs)로부터 크립토펑크(CryptoPunks), 미비츠(Meebits) NFT IP를 인수하며 더욱 사업을 확장하고 있습니다. 또한 블록체인 기반 메타버스 플랫폼 샌드박스와 디센트럴랜드와도 협력하

> **P2E(Play to Earn)**
>
> 플레이투언(Play To Earn)의 약자로 게임을 하면서 돈을 번다는 의미

AIP(Ape-In Productions)

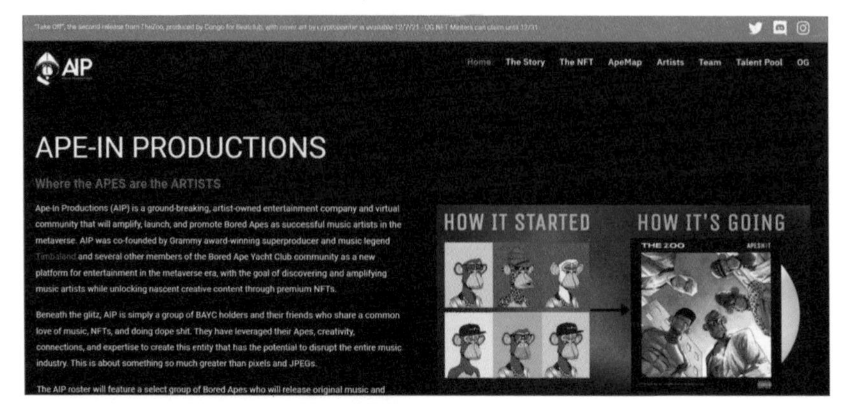

자료: apein.com

며 BAYC의 가치를 높이고 있습니다.

이처럼 유가랩스는 BAYC 생태계를 확장하고 새로운 가치를 부여하며 희소성을 높이면서 보유자들에게 다양한 창작활동을 허용하고 혜택을 제공하고 있습니다. 계속 BAYC를 소유해야 할 의미가 생기는 것입니다.

NFT는 어떤 분야에서 어떻게 활용되고 있나요?

NFT는 예술, 게임, 명품, 음악, 수집 등 다양한 산업 분야에 희소성을 부여하고 창작자와 팬을 연결해 새로운 비즈니스 모델을 만들어내고 있습니다.

NFT는 정말 많은 분야에 적용되고 있는데요, 먼저 아트(Art) 분야가 있습니다. 테슬라 CEO 일론 머스크의 아내이자 가수 그라임스는 NFT 거래소 니프티 게이트웨이에 '워 님프(War Nymph)'라는 제목의 디지털 그림 컬렉션 10점을 온라인 경매에 부쳤고, 해당 그림들은 20분 만에 580만 달러(65억 원)에 낙찰되었습니다. 캐나다 작가인 크리스타 킴이 만든 디지털 집인 화성의 집(Mars House)은 약 50만 달러(약 5억 6천만 원)에 거래되었는데요, 이 집은 최초로 거래된 NFT 집으로, 화성의 집 내부는 탁 트인 인테리어로 꾸며졌고 외부는 지구와 달리 붉은빛으로 가득한 화성의 이색적인 하늘이 보이도록 제작되었습니다.

War Nymph 중 일부

자료: 니프티 게이트웨이

화성의 집(Mars House)

자료: edition.cnn.com

음악 분야에도 NFT가 활용되고 있습니다. 듣는 음악에서, 그것과 동시에 소유하는 음악으로 변화하고 있는데요, 코로나19로 인해 오프라인 라이브 공연이 어렵게 되자 NFT로 자신의 앨범을 판매하는 사례가 등장하고 있습니다.

유명 DJ이자 EDM 프로듀서로 활동하고 있는 3LAU(저스틴 데이비드 블라우)는 오리진 프로토콜과 함께 자신이 제작한 앨범 '울트라 바이올렛' 발매 3주년을 기념해 33개의 NFT 앨범을 발행했습니다. NFT 앨범도 프리미엄, 골드, 실버, 브론즈로 차별화해 발행했는데, 이 중 가장 비싼 프리미엄 토큰에는 3LAU가 아직 공개하지 않은 음원이 포함되어 있었습니다.

또한 플래티넘 입찰에 1위로 성공한 입찰자는 NFT로 토큰화될 신곡을 작업하는 과정에서 3LAU와 함께 음악 작업을 할 수 있는 기회를 얻게 되었습니다. 〈월스트리트저널(Wall Street Journal)〉은 3LAU가 이 NFT 경매로 1,160만 달러(약 131억 원)를 벌었을 것으로 추정했습니다.

그래미상을 받은 미국의 록 밴드 킹스 오브 리언은 NFT 신작 앨범으로 2주 만에 200만 달러(22억 3,300만 원)를 벌기도 했습니다. 팝스타 위켄드도 미공개 음악이 포함된 앨범을 NFT로 발행했고, 천재 DJ 데드마우스(deadmau5)가 자신의 공연 영상과 화상 DJ 강연 등이 담겨있는 NFT를 10만 달러에 판매하기도 했습니다. 2021년 린킨 파크의 마이크 시노다와

3LAU NFT 앨범

자료: thedefiant.io

숀 멘데스, 그라임스와 같이 유명한 가수들이 NFT를 통한 음반 활동에 적극적으로 참여하고 있고, 한 사람만을 위한 NFT 음반이 제작되기도 했습니다. 가수 세븐은 신곡 '모나리자'를 NFT로 발매했지만, 음원 사이트에서는 이 곡을 찾을 수 없으며 이 곡을 들어봤다는 사람들도 찾기 어렵습니다. 오직 단 한 사람만을 위해 NFT로 발매했기 때문이죠.

NFT가 활발히 적용되고 있는 분야 중 하나는 게임입니다. 2017년 11월에 NFT 게임 크립토키티(CryptoKitties)가 출시되었는데요, 크립토키티는 가상 고양이를 수집, 육성, 교배, 교환하는 게임입니다. 크립토키티 고양이 중에서 희귀한 크립토키티 드래곤은 2018년 9월에 약 1억 8천만 원에 거래되었습니다.

2018년에는 베트남의 스타트업 스카이 마비스(Sky Mavis)가 이더리움 기반 NFT 게임 엑시 인피니티(Axie Infinity)를 출시했습니다. 게임 안에서 '엑시(Axie)'라는 캐릭터를 수집하고 전투를 통해 육성하며 캐릭터 간 교배를 통해 새로운 전투 기술을 지닌 캐릭터를 만드는 게임입니다.

다양한 캐릭터들을 식별하기 위해 NFT를 사용하며 사용자들은 게임을 하면서 토큰을 얻을 수 있고, 엑시(Axies)로 알려진 디지털 애완동물을 사고 키우고, 나아가 판매를 통해 수익을 창출할 수도 있습니다. 2021년 7월, 엑시 인피니티의 1일 활성자(DAU)는 80만 명이었고, 월간 매출 1억 5천만 달러를 기록했으며, 2021년 9월 말부터 10월 중순까지의 30일 동안 약 3억 달러의 매출이 발생했습니다.

2021년 3분기 엑시 인피니티는 매출 7억 8,200만 달러(9,298억 원)로 전 분기 대비 48배 증가했습니다. 스카이 마비스(Sky Mavis)에 따르면 엑시 인피니티(Axie Infinity) 이용자의 41%가 여성이고, 이들 중 일부는 수익으로 생계를 유지하기도 합니다. 제작사는 토큰 교환 시 4.25%에 해당하는 수수료만 수취하는데요, 즉 게임으로 창출되는 가치의 95%가 사용자에게 귀속되는 형태입니다.

현재까지 엑시 인피니티를 통해 판매된 NFT 중에서 가장 비싸게 팔린 아이템은 82만 달러에 달합니다. 초기비용이 많이 발생하고 가상자산 지갑을 설치하는 등 진입장벽이 높으나, 이더리움 기반 플랫폼 중에서 가장 많은 매출을 발생시키는 플랫폼 중 하나로 성장했습니다.

2021년 10월, 삼성전자 투자 자회사인 삼성넥스트는 스카이 마비스(Sky Mavis)에 1억 5,200만 달러(약 1,800억 원)를 투자했는데요, 스카이 마비스(Sky Mavis)의 기업가치는 30억 달러(약 3.6조 원)에 달하며, 엑시 인피니티 토큰(AXS)의 시가총액은 9.5조 원 수준입니다. 스카이 마비스(Sky Mavis)는 2021년 5월에 750만 달러의 투자를 유치한 바 있습니다.

(좌)크립토키티 드래곤, (우)엑시 인피니티에서 거래되는 엑시

출처: www.coindeskkorea.com

2019년 12월에 출시된 NFT 축구 게임 소레어(Sorare)에 대한 관심도 높아지고 있습니다. 소레어는 이용자들이 축구 선수 카드를 구매하고 팀을 구성해 경쟁하는 게임입니다. 공식 라이선스 카드들은 NFT로 거래되는데요, 가장 비싼 카드 중 하나로 꼽히고 있는 크리스티아누 호날두 NFT 카드는 2021년 3월, 245만 72유로(약 34억 원)에 판매되었습니다. 소레어는 2021년 9월 일본 소프트뱅크로부터 6억 8천만 달러(한화 약 8,050억 원)의 투자를 받았습니다.

소레어의 NFT

출처: sorare.com

명품들도 NFT 활용에 적극적입니다. 글로벌 명품 브랜드 3사인 루이비통과 까르띠에, 프라다는 블록체인 플랫폼인 아우라(Aura) 컨소시엄을 구축했는데요, 2021년 4월에 이들 3사는 "진품 보증을 원하는 소비자들을 위해 경쟁 업체들이 유례없는 협업 체계를 구축했다"는 성명을 발표했습니다. 아우라(Aura)를 운영하는 이유는 명품 업계의 고질적인 문제인 가짜 제품 유통을 막기 위해서입니다.

예를 들면 루이비통 가방은 아우라 플랫폼을 통해 고유한 디지털 코드를 받게 되며, 이 안에는 제작 재료, 제조국, 유통과정에서 환경과 윤리규정 준수 여부, 소유권 정보 등 다양한 정보가 블록체인에 저장되어 있습니다. NFT를 활용한 디지털 정품 인증서인 것이죠. 조사업체 프런티어 이코노믹스에 따르면 세계 위조품 거래는 2022년까지 9,910억 달러(약 1,100조 원)로 커질 전망이며, 이는 2013년 대비 거의 2배 규모입니다.

AURA 컨소시엄

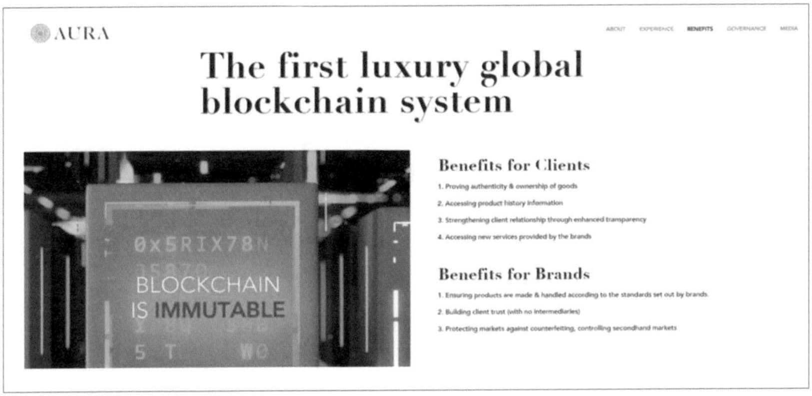

출처: auraluxuryblockchain.com

구찌는 2021년 5월, 4분 5초짜리 NFT 비디오를 크리스티 경매에 올렸습니다. 구찌는 온라인 경매에서 최근 아리아 컬렉션에서 영감을 얻은 영화를 최초의 NFT 영상으로 출품했는데요, 크리스티는 구찌의 새로운 NFT에 대해서 “꿈같은 풍경과 풍부한 에너지는 새로운 미디어 공간으로 연결되는 유명 브랜드의 역사적인 순간”이라고 언급했으며, 이 작품은 2만 5천 달러에 낙찰되었습니다.

구찌 NFT 비디오

출처: 구찌

명품 시계 업체 제이콥앤코는 'SF24'라는 초고가의 시계를 NFT로 발행해 경매에 내놓았습니다. 시계 위쪽의 날개가 넘어가면서 세계 24개 도시와 표준 시간이 보이는 10~15초짜리 3D 애니메이션이 낙찰되었으며, 이 NFT 시계는 10만 달러(약 1억 1천만 원)에 판매되었습니다.

크립토펑크(CryptoPunks)는 이더리움 네트워크에서 NFT로 거래되는 디지털 수집품(collectible)입니다. 2017년 라바 랩스(Larva Labs)에서 크립토펑크를 설립했고, 고유한 특성을 가진 NFT 1만 개를 발행했습니다. 크립토펑크는 2017년 발행된 NFT 시리즈로 '가장 오래된 NFT 프로젝트'라는 평가를 받고 있습니다.

발행 당시 처음에는 무료였지만 1만 개 한정 발행이라는 희소성과 역사성이 더해지며 가격이 계속 상승하고 있는데요, 래퍼 제이지 등이 자신의 트위터 프로필에 크립토펑크 사진을 사용하면서 화제를 모은 것도 주목을 받는 하나의 배경이 되었습니다.

제이콥앤코 NFT

출처: 제이콥앤코

푸른색 얼굴에 마스크를 쓴 '코비드 에어리언' 크립토펑크는 2021년 6월 소더비 경매에서 1,170만 달러(약 139억 원)에 판매되었고, 스포츠 베팅 게임사 드래프트킹스의 최대 주주이자 억만장자로 알려진 샬롬 메켄지가 구매했습니다.

또한 라바랩스는 신규 NFT 프로젝트를 추진했고, 프로젝트의 명칭은 미비츠(Meebits)입니다. 크립토펑크와 유사한데 2D 대신 3D로 디자인되어 있습니다. 기존 크립토펑크가 디스코드(Discord), 트위터(Twitter) 등 소셜 미디어에서 사용되는 이상적인 2D 아바타였다면, 미비츠(Meebits)는 가상현실, 게임 등 3D 공간에서 사용되는 아바타가 될 수 있습니다.

미비츠의 소유자가 자신의 미비츠를 다양한 게임 엔진, 3D 스튜디오 또는 가상세계에서 사용할 수 있도록 지원할 계획이며, 이를 통해 소유자는 미비츠(Meebits)에 생명을 불어넣을 수 있고 메타버스에서 활동하게 할 수 있습니다.

글로벌 결제기업 비자(VISA)는 2021년 8월에 16만 5천만 달러(약 2억 원)에 크립토펑크 NFT를 구매했습니다. 지난 60년 동안 비자는 초기 종이 신용카드에서부터 수동으로 매출전표를 발행하는 데 쓰는 장치인 신용카드

크립토펑크와 미비츠(Meebits)

출처: www.larvalabs.com

압인기까지 역사적인 상거래 장치를 수집품 목록에 추가해왔는데, NFT 상거래의 시작이라는 측면에서 크립토펑크 #7610을 우리 수집품목에 추가한 것입니다.

야구 카드 업계의 70년 장기독점 체제가 마침내 종결되었습니다. 메이저리그(MLB)가 오랜 기간 유지했던 톱스(Topps) 사와의 라이선스 계약을 종료하고 2026년부터는 새로운 파트너인 파나틱스(fanatics) 사와 함께하기

비자가 구매한 크립토펑크

출처: 비자카드 트위터

로 결정한 것입니다. 톱스(Topps)는 지난 70년 동안 메이저리그를 비롯해 다양한 스포츠카드 시장에서 1위 브랜드를 지켜왔는데요, 1938년 추잉 껌 회사로 시작한 톱스(Topps)는 1951년부터 야구 카드 시리즈를 출시했고, 최근까지 70년간 메이저리그 선수 카드를 독점해 제작 생산했습니다. 수집 문화가 발달한 미국에서 톱스(Topps)의 야구 카드는 대중에게 큰 인기를 얻었는데, 1952년 발행한 뉴욕 양키스 레전드 미키 맨틀 카드는 무려 520만 달러에 판매되었습니다.

전 세계에 단 50장뿐인 호너스 와그너의 1909년 카드는 660만 달러에 거래되어 최고 기록을 세웠는데요, 2019년 기준 미국에서 스포츠카드 시장은 138억 달러로 추정되고 있습니다. 파나틱스 사는 스포츠카드 시장과 NFT와의 결합이 가져올 잠재력에 주목했고, 스포츠의류 회사로 시작한 파나틱스는 2011년부터 투자자를 모으고 사업을 확장해 기업가치 180억 달러짜리 회사로 성장했으며, 2021년 7월부터 '캔디 디지털'을 설립해 이더리움 기반 NFT를 발행해왔습니다.

파나틱스가 메이저리그에 제시한 라이선스 비용은 기존 톱스 사의 10배에 달하며, 메이저리그는 파나틱스의 지분을 매입해 직접투자도 합니다. 또한 메이저리그 외에 NBA, NFL 선수 카드도 톱스 사에서 파나틱스 사로 교체될 전망입니다.

오리진 프로토콜은 USA투데이와 함께 '달에 배달된 최초의 뉴스'의 NFT 소유권 경매를 자사의 NFT 경매 플랫폼에서 진행했습니다. 1971년에 아폴로 14호 우주비행사 앨런 셰퍼드는 달 탐사를 기념하는 USA투데이의 호외판을 달에 가지고 갔으며, 그로부터 50년이 흘러 이 역사적인 50주년을 기념하기 위해 〈USA투데이〉는 NFT 제작을 결심한 것인데요, '달에 배달된 첫 번째 신문(The First Newspaper Delivered to the Moon)' 컬렉션은 50년 동안의 우주 관련 기사에 보도된 300개 이상의 이미지가 포함되어 있

'달에 배달된 최초의 뉴스' NFT 경매

출처: 오리진 프로토콜

타임 NFT

출처: 타임

습니다. 컬렉션 안에는 1969년 출판된 우주 역사 『인간의 달을 향한 오디세이』의 실물 사본과 디지털 사본이 들어 있는데요, 24페이지 분량의 우주 여행 기록으로 해당 경매 우승자에게는 필름에 보관되어 달로 보내져 돌아온 PDF 버전의 지면과 실제 사본을 증정합니다.

독점 비공개 우주 표면 투어 이미지도 컬렉션에 들어 있습니다. 평생 디지털 구독권도 함께 제공하며 〈USA투데이〉에 대한 모든 프리미엄 콘텐츠에 무제한 액세스할 수 있고, 전자 신문 및 인쇄판의 디지털 복제본도 사용할 수 있는 권리가 포함되어 있습니다.

오리진 프로토콜 CEO는 "세상에 존재하는 모든 재화처럼 NFT의 가치 또한 사회적 합의를 통해 생기는 것이며, 코인이건 사물이건 아이디어건 영향력 있는 사람들의 집단에서 가치를 부여한다면 그 대상은 결국 가치를 갖게 된다. NFT는 디지털 상품의 소유·수집을 가능하게 하며, 여기에는 물리적 환경과 디지털 환경을 융합하고 자원을 전송하는 과정이 수반된다. 메타버스에서도 가치를 전달할 수 있는 훌륭한 방법이다"라고 언급했습니다.

〈타임〉 지는 1923년 창간한 세계 최대 규모의 주간지이며, 전 세계 2,000만 명의 주간 구독자를 보유한 영향력 있는 잡지 중 하나입니다. 2021년 9월, 〈타임〉 지가 발간한 NFT 컬렉션이 1분 만에 매진되었는데요. 〈타임〉은 40명 작가의 작품 타임피스(Time Pieces) 컬렉션 4,676점을 선보였습니다. 작품당 가격은 0.1 ETH(이더)입니다.

타임피스는 새로운 NFT 커뮤니티 프로젝트이며 〈타임〉 지는 작가들에게 '더 나은 세상을 위하여'라는 주제를 작품에 담아달라고 요청했고, 작품은 NFT로 재탄생했습니다. 구매자 수요 급증으로 거래량이 많아져 이더리움 블록체인의 가스 수수료도 급증하는 현상이 발생했는데요. 타임피스 소유자는 디지털 지갑을 타임 사이트에 연결할 수 있으며, TIME.com에 무제한 접근이 가능합니다.

또한 〈타임〉이 개최하는 다양한 이벤트에 초대받을 수 있습니다. 〈타임〉 지 CEO 케이스 그로스먼(Keith A. Grossman)은 타임피스는 커뮤니티 충성도와 보상을 강화하기 위한 시도라고 언급했고, 현재까지 추진된 NFT는 가치있는 단일 디지털 자산이나 다양한 버전의 수집품을 구현하는 것이었는데 타임피스는 주요 언론이 최초로 NFT기반 독자 커뮤니티를 만들고 혁신적인 디지털 구독방식을 제공한다는 점에서 의미가 있습니다.

NFT를 둘러싼 저작권 문제 등 여러 위험 요소는 무엇인가요?

NFT가 주목받으면서 사기, 저작권 침해, 내부거래와 해킹, 자금세탁 가능성 등 다양한 문제가 제기되고 있습니다. NFT로 인한 새로운 기회와 함께 위험 요소를 반드시 점검해야 합니다.

메타버스 시대에 NFT가 새로운 가치를 만들어가며 새로운 경제를 만들어나가고 있습니다. 하지만 NFT가 해결해 나가야 할 많은 문제와 위험이 존재합니다.

먼저, NFT 프로젝트를 진행하다가 갑자기 프로젝트가 사라져 버리는 러그풀(Rugpull) 문제가 발생하기도 합니다. 러그풀이란 개발자가 갑자기 프로젝트를 중단하고 투자금을 들고 사라지는 사기 수법을 의미하는데요, 양탄자(Rug)를 잡아당기면(Pull) 그 위에 있던 사람들이 한순간에 넘어진다는 비유적 표현에서 유래되었습니다.

국내에서 캣슬(CatSle) NFT 프로젝트가 시작된 후, 운영진들이 잠적해 버리는 사례가 발생하기도 했습니다. 캣슬은 '클레이튼 기반의 NFT 프로젝트로 탈중앙화 금융 서비스를 지원하겠다'는 로드맵을 통해 투자자를 유치했으나, 프로젝트 중간에 "메인 계정 해킹으로 더 이상 프로젝트를 진행할 수 없다"는 말만 남기고 사라졌고 관련 홈페이지, SNS 등도 모두 폐쇄되었습니다. 캣슬은 NFT 마켓플레이스 오픈씨(opensea)에서 한때 거래량 2위에 오르고, 클레이튼 NFT 마켓플레이스에서는 거래량 6위까지 오르며 주목을 받았던 프로젝트였습니다.

2021년 가상화폐 사기 범죄 피해액은 77억 달러(약 9.2조 원)로 전년 대비 81% 증가했고, 특히 2020년 전체 가상자산 사기 피해액의 1%에 불과했던 러그풀은 2021년 전체 피해 규모의 37%를 차지하며 빠르게 증가하고 있습니다.

상표권과 저작권 문제도 발생하고 있습니다. 프랑스 명품 에르메스(Hermes)는 '메타 버킨' NFT 제작자인 메이슨 로스차일드(Mason Rothchild)를 상표권 침해 혐의로 고소했습니다. 에르메스는 메이슨 로스차일드가 에르메스의 트레이드 마크인 '버킨'의 상표권을 침해했다며 소송을 제기했는데요, 메이슨 로스차일드의 메타 버킨 NFT는 2021년 12월, 4만 2천 달러에 판매되었으며 에르메스의 소송 제기 이후 오픈씨는 메타 버킨의 판매를 중단했습니다. 로스차일드는 자신의 홈페이지를 이용해 계속 NFT를 판매했으며, 수정헌법 제1조를 근거로 예술가의 활동은 보장되어야 한다고 주장하고 있습니다.

워너비인터내셔널은 김환기의 〈전면점화-무제〉, 박수근의 〈두 아이와 두 엄마〉, 이중섭의 〈황소〉를 NFT 경매로 출품했습니다. 22개국에서 온라인 경매를 진행한다고 발표했으나, 해당 작품 저작권자들과 사전협의 없이 추진되어 문제가 제기되었습니다. 워너비인터내셔널은 작품 소장자와 경매

메타 버킨 NFT

출처: 오픈씨

협의를 했으나, 저작권과 소유권은 상이하기 때문에 논란이 발생한 것입니다. 저작권자가 아닌 소장자는 작품을 마음대로 NFT로 발행할 수 없습니다. 결국 워너비인터내셔널과 작품 소장자가 사과하면서 일단락되었지만, 향후 저작권 관련 이슈는 계속 제기될 것으로 보입니다.

내부거래와 해킹 문제도 발생하고 있습니다. 2021년 9월, 세계 최대 NFT 거래소인 오픈씨에 근무하는 임원이 내부 정보를 활용해 NFT 거래를 하다 적발되었는데요, NFT 거래소 오픈씨는 자사 블로그에 공식 성명을 통해 "직원 중 한 명이 홈페이지 첫 화면에 노출되도록 설정된 NFT를 대중들에게 노출되기 전에 사전 구매했으며, 이것은 믿을 수 없을 정도로 실망스럽다"라고 발표했습니다.

2021년 9월 14일 오전 1시 5분에 한 이용자가 '라멘화 이론의 스펙트럼(Spectrum Of A Ramenfication Theory)'이라는 명칭의 NFT를 0.25 ETH에 구매했고, 이후 21분 후인 1시 26분에 6배의 수익을 남기고 1.5 ETH에 다시 판매한 것입니다. NFT가 오픈씨에 최초 노출된 정확한 시각은 공개되지 않았으나 구매와 판매 사이의 시점으로 추정되고 있습니다.

오픈씨는 홈페이지 등에서 컬렉션이나 제작자를 홍보하는 동안 직원들이 관련 NFT를 구매하는 행위를 전면 금지했고, 내부 정보를 이용해 NFT를 구매·판매하는 행위도 제한했습니다.

NFT관련 해킹 이슈도 제기되었습니다. 2021년 9월, 유명 아티스트를 사칭한 가짜 NFT가 한화 약 4억 원에 판매되었는데요, 영국의 유명한 예술가 뱅크시를 도용한 가짜 NFT가 뱅크시의 웹사이트에 게시되었습니다. 뱅크시의 대변인은 해당 NFT가 뱅크시와 전혀 관계가 없다고 발표했는데요, 뱅크시의 공식 웹사이트가 해킹당한 것입니다. 2022년 2월에는 오픈씨가 피싱(Phishing)* 공격을 받아 총 254개에 달하는 NFT를 도난당했습니다. 피해자들은 피싱 이메일의 지시에 따라 자산 이동(migration)을 승인했고 이 과정에서 NFT를 도난당한 것입니다.

NFT를 이용한 자금세탁에 대한 문제도 제기되고 있습니다. NFT는 특별한 기호나 취미를 가진 사람, 즉 한정된 부류의 이용자들 안에서 거래가 많이 일어나 가격통제와 가격 조작이 용이한 면이 있습니다. 또한 대형 거래소에 가상자산을 상장하기는 어렵지만, NFT는 오픈마켓에서 비교적 쉽게 거래할 수 있습니다. 창작물과 관련해 저작권 등의 권리와 NFT 기능이 결합되어 있어 발행금액

피싱(Phishing)

개인정보(Private Data)와 낚시(Fishing)의 합성어로 해커들이 만든 용어이며 민감한 개인정보, 금융계정 정보를 절도하는 금융사기 수법

이나 거래금액이 부당하다는 것을 객관적으로 입증하는 데도 어려움이 존재합니다. NFT 마켓에서 부모가 자녀에게 NFT를 직접 전송해서 상속세나 증여세를 탈세할 우려도 제기되고 있으며, 자녀가 발행한 NFT를 부모가 고가에 매수하는 경우도 발생할 수 있습니다.

이외에도 NFT는 이더리움 등 가상자산과 연동되어 NFT 자산의 변동성이 매우 크며, 가상자산 규제 강도에 따라 NFT 거래가 위축될 가능성도 항상 존재합니다. 새로운 메타버스 혁명의 시대, NFT로 인해 생겨날 혁신과 함께 위험에도 관심을 갖고 미래를 준비해야 할 시점입니다.

METAVERSE

메타버스에서 시공간의 제약을 극복하며 유연하게 근무할 수 있는 여건이 조성되면서 메타버스가 '일하는 곳'으로 주목받고 있습니다. 모든 직원이 메타버스로 출근하는 직방, eXp Reality와 같은 기업들이 등장하고, 코로나19 이후에도 많은 기업이 메타버스에서 일하는 영구 재택근무를 도입하고 있습니다. 또한 주로 메타버스에서 근무하고 필요시 오프라인으로 출근하는 하이브리드 근무를 도입하는 기업들도 다수 등장하고 있어 과거보다 메타버스에서 일하는 시간이 늘어날 것으로 전망됩니다. 제3의 장소에서 메타버스를 활용해 일과 휴가를 병행하는 워케이션도 주목해야 할 변화입니다.

3장

메타버스로 출근하는 기업들

직방 직원들처럼 메타버스로만 일하는 게 가능한가요?

직방의 직원들은 메타버스 근무로 인해 출퇴근 시간 절약, 제주도 한 달 살기 등 다양한 형태로 근무하고 있고, 기업도 임대료를 줄이고, 전 세계 인재를 채용할 수 있는 여건을 마련했습니다.

종합 프롭테크(Proptech)* 기업인 직방의 직원 350명은 2021년 2월 오프라인 사무실을 없애고 전면 메타버스 근무를 시작하면서 2021년 7월 자체 개발한 가상 오피스 '메타폴리스'로 본사를 이전했습니다. 이후 직방은 약 10개월간 대면형 원격 근무의 효율성과 생산성을 검증해왔는데요. 2022년 5월 기준 메타폴리스에는 직방과 아워홈, AIF 등 20개 기업이 입주해 있으며 매일 2천여 명이 메타버스로 출근하고 있습니다. 과거에는 건물 임대료를 내는 입장이었다면, 이제는

프롭테크(Proptech)

'부동산(Property)'에 '기술(Technology)'을 접목한 온라인 서비스를 의미하며, 매물 검색과 부동산 중개 등 1세대 서비스가 최근에는 빅데이터, 인공지능, 사물인터넷 등 첨단 기술과 접목하면서 진화함

2021년 직방의 출근지 변화(좌: 강남역 임대 건물, 우: 가상건물 메타폴리스)

자료: 직방

가상 건물주가 된 것입니다.

2022년 5월 직방은 글로벌 시장진출을 목표로 '메타폴리스'를 업그레이드 한 가상오피스 '소마(Soma)'를 출시했습니다. '메타폴리스'가 사라지고 새로운 가상오피스 소마가 탄생한 것이죠. 기존의 메타폴리스에 출근하던 직원들은 순차적으로 소마로 이전할 예정이라고 합니다. 소마의 슬로건은 "Change where you work, not how you work"인데요. 어디에서나 일할 수 있지만 일하는 방식은 오프라인 사무실 그대로 유지한다는 의미입니다. 일하는 공간만 메타버스로 옮긴 거죠.

직원들은 PC나 휴대폰으로 아바타를 설정하고 가상오피스 소마로 로그인합니다. 접속하면 로비도 있고, 엘리베이터를 타고 내리면 회사 동료들이 있습니다. 가까이 가면 얼굴이 보이면서 이야기할 수 있고 멀어지면, 얼굴이 사라지고 소리가 들리지 않습니다. 현실과 유사한 공존감을 느낄 수 있도록 한 것이죠.

소마는 오프라인과 똑같은 환경을 구축했다는 점에서 기존의 다른 온라인 협업 도구나 메타버스 플랫폼들과 차이가 있습니다. 특히 오프라인과 비슷한 소통 환경은 소마만의 특화된 장점입니다. 동료를 만나려면 직접 아바타가 이동해야 하며, 대화는 실제 얼굴을 보며 이루어집니다.

현실과 같은 환경을 만들기 위해 채팅이나 순간이동의 기능은 일부러 없앴습니다. 아바타 간의 거리가 가까우면 자동으로 상대방의 얼굴과 음성을 확인할 수 있고, 멀어지면 보이지 않는 점도 오프라인 환경과 같습니다. 오프라인처럼 같은 사무실에 있는 동료들과 직접 대면하고 대화하도록 유도해 기존 원격근무 환경에서는 불가능했던 일상적인 대화와 네트워킹이 가능해진 것입니다.

직방 직원들이 메타버스 소마에서 일하는 모습

자료: 직방

직방 직원들의 메타버스 근무와 관련한 인터뷰 내용을 들어보면 매우 흥미롭습니다. 출퇴근 지옥철에서 시달리지 않아서 좋다는 직원도 있고, 제주도에서 한 달 살기를 하면서 일하는 직원도 있다고 합니다. 일반 직장에서 근무하면서 한 달 살기를 하려면 여러 날 휴가를 내야 하고, 업무 공백의

프롭테크 타워

자료: 직방

42 컨벤션 센터

자료: 직방

우려도 있고 마음처럼 쉽지 않은데, 메타버스 출근으로 이 모든 것이 가능해진 것입니다. 코로나19 이후에 해외에 나가서도 메타버스를 통해 출퇴근하는 일을 기대하는 직원도 있었습니다. 이를 통해 회사 측면에서는 큰 비용이던 임대료를 줄일 수 있고, 세계 어디서든 인재를 채용할 수 있다는

공용 라운지 '더 허브'

자료: 직방

장점도 있다고 합니다.

소마는 가상공간 내에 30층 높이의 오피스 빌딩 '프롭테크 타워'와 대규모 행사 개최가 가능한 500석 규모의 6개 홀을 갖춘 '42컨벤션 센터', 공용 라운지인 '더 허브'로 구성되어 있습니다. 오피스 빌딩의 각 사무실은 입주

1인용 업무공간

자료: 직방

사의 수요에 맞춰 인테리어나 사무공간, 회의실 등을 맞춤형으로 제작할 수 있습니다. 각각의 사무실에는 허가받은 직원 외에는 출입이 불가하고, 새로운 건물도 계속 증설할 예정이라고 합니다.

또한 소마에서는 1인용 업무공간도 지원해 필요에 따라 일에 집중할 수 있는 환경을 지원하고 있습니다. 영어, 스페인어, 중국어, 프랑스어, 독일어, 이탈리아어, 일본어, 인도네시아어, 베트남어, 포르투갈어, 러시아어, 한국

직방 라운지(좌: 서현역, 우: 당산역)

자료: 직방

어를 지원하며 회원가입만 하면 별다른 인증 절차 없이 공용공간인 더 허브 라운지와 프롭테크 타워 1층 로비, 건물 외경 등을 둘러볼 수 있습니다.

집에서 메타버스로 접속할 여건이 조성되지 않을 수도 있고, 고객과 만나려면 회의 장소도 필요할 텐데요, 이에 대해 직방은 지역에 오프라인 직방 라운지를 운영하며 고객과 회의를 하거나, 필요한 직원이 일을 할 수 있도록 지원한다고 합니다.

모든 직원이 메타버스에서 일하고 있는 회사가 더 있나요?

글로벌 부동산 기업 eXp Reality도 모든 직원이 메타버스에서 근무를 하고 있으며, 게임 기업 컴투스도 직원들이 메타버스에서 일할 수 있는 컴투버스라는 가상공간을 만들어 일할 계획입니다. 메타버스가 일하는 방식을 바꾸고 있으며 이러한 변화에 관심을 가질 필요가 있습니다.

직방 직원보다 먼저 메타버스로 출근한 글로벌 부동산 기업이 있습니다. 바로 eXp Reality입니다. 2009년에 설립되었으며, 매출은 지속 성장중이고 2018년에 나스닥에 상장했습니다.

전 세계에서 함께 일하는 eXp Reality 소속 부동산 에이전트(Agent) 수는 13개국, 5만 명이나 됩니다. 이 사람들이 모두 메타버스에서 일하고 있습니다. 직원들은 eXp World를 다운로드 받아서 PC로 접속해서 일하고, 고객들도 만납니다.

메타버스 사무실에서 직원들이 아바타로 모여서 회의하고, 캠퍼스를 걷거나 자유공간에서 휴식을 취하기도 합니다. 현실처럼 안내해주는 창구도 마련되어 있어 궁금한 사항을 언제든 물어볼 수도 있습니다. eXp Reality

eXp Reality 직원들이 일하는 eXp World

자료: eXp Reality

컴투버스(Com2Verse)에서 직원들이 회의하는 모습

자료: youtube.com/watch?v=0z2pjJTVa5w, 컴투스

측은 "물리적으로 사무실이 있다면 지금 같은 성장은 있을 수 없다"고 언급한 바 있습니다.

eXp Reality 직원들은 만족하면서 다니고 있을까요? eXp Reality는 2022년 글래스도어(Glassdoor)에서 발표한 '가장 일하기 좋은 100대 기업'에서 구글을 제치고 4위를 차지했습니다. 회사의 실적과 직원들의 만족을 모두 잡은 셈이죠.

또한 게임 기업 컴투스는 모든 업무를 메타버스에서 할 수 있는 컴투버스(Com2Verse)를 공개했고, 관련 직원 2,500명을 입주시킬 계획입니다. 컴투버스(Com2Verse)에서 일과 함께 쇼핑, 금융, 여가생활이 모두 가능하게 할 것이라고 말했는데요, PC를 통해 컴투버스에 접속하면 직방처럼 의사소통하고 공존감을 느끼며 일을 할 수 있습니다.

직방과 eXp Reality는 인터넷 부동산 기업이고, 컴투스도 게임 기업입니다. 인터넷 기반의 기업들이 메타버스 출근을 시작하고 있습니다. 메타버스 출근이 무조건 좋고 성공한다고 말할 수는 없지만, 일하는 방식에 있어서 주목할 만한 변화가 일어나고 있으니 유심히 지켜볼 필요가 있을 것 같습니다.

영구 재택근무를 허용한 메타, 어디서 일하나요?

페이스북에서 사명을 바꾼 메타의 직원들은 기존 줌(Zoom)과 유사한 워크플레이스를 활용해 근무했으나, 이제 가상에서 공존감과 몰입감을 느끼며 함께 일할 수 있는 호라이즌 워크룸스, 인피니트 오피스가 제작되어 활용될 것입니다.

페이스북에서 사명을 바꾼 메타의 직원 수는 2021년 기준 60,654명입니다. 전 세계 80개가 넘는 도시에서 사람들이 일하고 있죠. 메타는 2021년 6월에 코로나19와 상관없이 직원들이 계속 재택근무를 할 수 있는 영구 재택근무를 허용한다고 발표했습니다.

메타의 직원들은 지금까지 메타에서 개발한 워크플레이스(Workplace)를 활용해서 일했습니다. 줌(Zoom)과 유사한 서비스입니다. 음성, 텍스트, 이미지, 영상으로 만들어진 업무용 프로그램이죠.

메타는 2021년 8월 호라이즌 워크룸(Horizon workroom)을 시연했습니다. VR HMD(Head Mount Display)인 메타 퀘스트를 사용해 접속하면 직원들은 각자 자신의 아바타로 가상회의실 테이블에 앉아 다른 참석자들과 소

호라이즌 워크룸스에서 메타 직원들이 일하는 모습

자료: Meta

인피니트 오피스에서 일하는 모습

자료: Meta

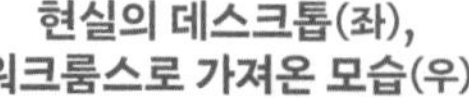
현실의 데스크톱(좌),
워크룸스로 가져온 모습(우)

핸드 트래킹 기술이 적용된 모습

자료: Meta

통할 수 있습니다. 발표도 하고, 화이트보드를 사용할 수도 있습니다. 사용자가 움직이면 아바타도 동작을 따라 하고, 공간 오디오 기술을 활용해서 위치에 따라 소리가 다르게 들리기도 합니다. 화면으로 사람이 실제 실물로 참여할 수도 있어서 다양하게 회의를 진행할 수 있습니다. 일하는 공간이 2D 기반의 워크플레이스에서 3D 기반의 가상공간으로 진화한 것이죠.

호라이즌 워크룸스에는 BYOD(Bring Your Own Desk)라는 기능도 있는데요, 현실의 책상을 메타버스 공간으로 가져오도록 하는 것입니다. 가상공간 안에서 현실의 책상에 편안하게 앉은 상태로 몰입감 넘치는 경험을 즐길 수 있도록 재택근무 사무실과 메타버스 환경을 자연스럽게 연결하는 것입니다.

핸드 트래킹(Hand Tracking)* 기술을 통해 손을 사용해서 가리키고 타이핑하고 엄지를 치켜올릴 수도 있습니다. 핸드 트래킹 기술은 추적 센서를 부

핸드 트래킹(Hand Tracking)

추적 센서를 부착한 장비 없이도 VR HMD에 내장된 카메라를 통해 이용자의 손 움직임을 입력하고 가상현실 콘텐츠에 구현하는 방식

착한 장비 없이도 VR HMD에 내장된 카메라를 통해 이용자의 손 움직임을 입력하고 가상현실 콘텐츠에 구현하는 방식입니다. 이러한 다양한 기능들이 모여서 공존함을 느끼며 일을 할 수 있게 하려는 거죠.

메타는 인피니트 오피스(Infinite office)도 준비하고 있습니다. 호라이즌 워크룸이 완전히 가상공간 속에서 일을 할 수 있도록 하는 것이라면, 인피니트 오피스는 현실 위에 가상의 스크린 등 정보를 보이도록 해서 일을 할 수 있도록 하는 것이죠. 이처럼 다양한 방식으로 메타버스에서 일할 수 있는 여건이 마련되고 있습니다.

줌으로도 충분하지 않나요? HMD를 쓰고 어떻게 종일 일하죠?

줌(Zoom)으로는 행동의 제약이 존재하고 줌 피로가 생기는 등 협업에 있어 다양한 장애요인이 존재하지만, 가상공간을 활용하면 이러한 제약을 극복하며 일할 수 있습니다. 우리는 PC, 모바일, HMD 등 매우 다양한 방식으로 메타버스에서 일하게 될 것이며, 필요한 순간에 가장 적합한 방식으로 로그인해 협업하고 소통하게 될 것입니다.

HMD를 쓰고 종일 일하는 건 아직 어려움이 있습니다. 종일 쓰기엔 아직 무겁고 어지러움이 느껴질 수도 있으니까요. 그런데 우리가 주목해야 할 점은 하나의 방식으로 종일 일을 할 필요는 없다는 것입니다. 자신의 상황과 환경, 일의 성격에 맞게 적합한 방식을 결정하고 접속하면 되죠.

간단한 정보를 주고받는 일도 있고, 매우 복잡하고 어려운 일도 있습니다. 전자의 경우 카톡으로 끝낼 수도 있고, 후자의 경우 실제로 만나야 하는 상황이 생기기도 합니다. 다음 그림에서 제시한 미디어 풍요성(Media Richness)이 그러한 개념입니다. 효과적인 의사소통을 위한 적합한 방식이 있고, 이를 다양하게 활용할 필요가 있다는 개념이죠.

미디어 풍요성(Media Richness)

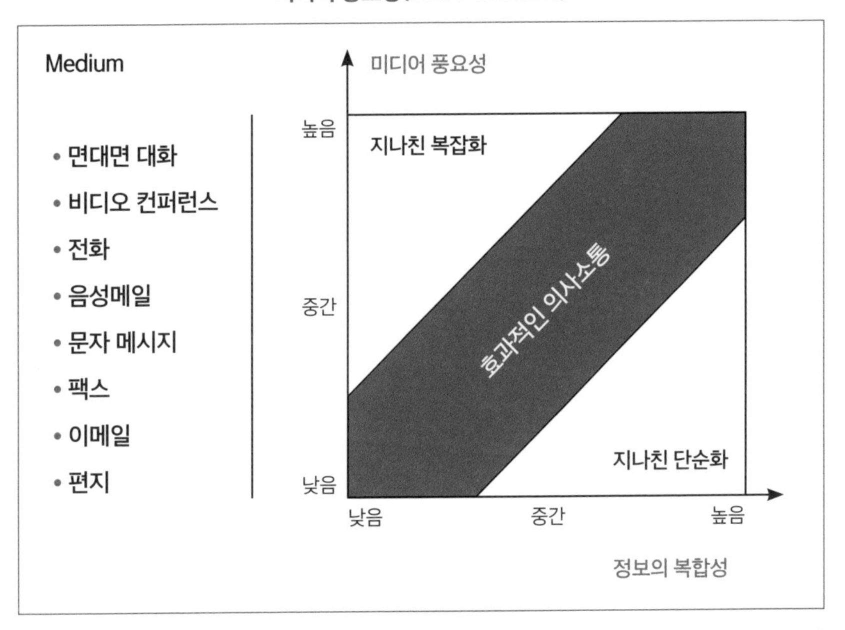

자료: Daft, R.L 외(1986).“Organizational information requirements, media richness and structural design”, Management Science.

오프라인에서 만나기 힘든 경우에, 메타버스 플랫폼을 활용하면, 기존의 2D 온라인 소통방식보다 풍부한 정보를 주고받을 수 있습니다. 미디어 풍요성(Media Richness)에 따르면, 효과적인 의사소통을 위해서는 전달하려는 정보의 복잡성에 비례해 충분한 정보 전달 능력을 갖춘 의사소통 수단이 필요합니다.

전달하려는 정보가 간단하다면 메일이나 문자로 소통해도 문제가 없겠죠, 하지만 매우 복잡한 상황이나 문제를 해결하기 위해서는 직접 만나서 다양한 자료를 활용하는 것이 효율적입니다. 전달하려는 정보가 복잡할수록 전화, 화상회의, 면대면 대화 등을 통한 언어적 정보와 목소리, 표정, 몸짓 등 비언어적 정보가 모두 필요하죠.

줌을 활용한 방식은 유용하지만 명확한 한계가 있습니다. 공존감을 느끼며 일하기 어렵죠. 예를 들어 자동차 디자인을 함께 한다고 생각해보면, 줌을 활용한 방식과 가상현실을 활용한 방식의 차이를 쉽게 이해하실 수 있을 겁니다. 점과 선, 면의 한계를 가상공간을 활용해서 극복하며 일을 할 수가 있습니다. 전 세계에 물리적으로 떨어져 있는 디자이너들과 함께 가상공간에서 만나 일을 하게 되는 것입니다.

메타버스 시대에 우리는 매우 다양한 방식으로 일하게 될 것입니다. 직방과 같이 PC로 메타폴리스에 접속해서 공존감을 느끼며 일하다가, PC 화면을 넘어 보다 정교하고 어려운 일을 해야 한다면 HMD와 홀로렌즈를 활용해서 가상공간에서 만날 수도 있을 것입니다. 그리고 오프라인 출근을 하

현대자동차의 가상현실을 활용한 디자인 장면

자료: 현대자동차

마이크로소프트 홀로렌즈와 메쉬(Mesh)를 활용한 협업 장면

자료: MS

마이크로소프트의 메쉬 포 팀즈(Mesh for Teams)

자료: MS

더라도 많은 부분 메타버스를 활용한 회의에 참석하고, 지방이나 해외 출장 대신 메타버스에 접속해서 일하게 되겠지요. 메타버스를 상황에 맞게 유연하게 적용하면서 생활하게 될 것입니다.

마이크로소프트가 개발한 줌과 유사한 협업 도구인 팀즈(Teams)가 있습니다. 2022년 1월 기준 전 세계 2억 7천만 명이 이 팀즈를 활용해 업무를 수행하고 있습니다. 텍스트, 음성, 이미지, 영상을 활용해 사람들을 연결하고 업무를 지원하는 방식이죠. PC, 태블릿, 휴대폰을 통해 접속해서 회의를 할 수 있습니다.

마이크로소프트는 이 2D 기반의 팀즈를 3D 가상공간으로 진화시키고 있습니다. 메쉬 포 팀즈(Mesh for Teams)를 통해 홀로렌즈가 아니더라도 PC 등 다양한 기기를 통해 가상공간에서 만나 협업할 수 있도록 한 것입니다.

메쉬 포 팀즈(Mesh for Teams)의 실시간 번역

자료: MS

2D 인터넷 기반의 협업이 가지고 있던 많은 제약을 극복하며 이제 3D 가상공간에서 공존감을 느끼며 일할 수 있게 된 것이죠.

메쉬 포 팀즈에서는 실시간 번역 기능도 제공됩니다. 제가 회의 시간에 한국어로 설명하면 이를 다양한 언어로 번역을 해주는 거죠. 이제 우리는 시간과 공간, 언어의 제약을 극복하며 가상공간에서 다양한 협업을 할 수 있게 될 것입니다.

가상공간에서 다양한 기기와 협업 도구로 일할 수 있는 환경이 조성되고 있으며 계속 진화해 나갈 것입니다. 하나의 기기, 방식, 서비스로 국한되지 않고 다양한 메타버스를 활용하며 유연하게 일하게 될 것입니다.

메타버스 근무의 장단점은 무엇인가요?

메타버스 근무는 생산성 증대, 임대료 등 고정비용 절감 등의 장점이 있지만 직원들 간 친밀감 감소, 근태관리 복잡, 인사평가 문제, 도입 비용 등 다양한 이슈가 존재하므로 도입 시 자사의 상황에 맞추어 장단점을 잘 고려해야 합니다.

메타버스에서 근무하면 어떤 장점이 있을까요? 글로벌 컨설팅 기업 액센츄어(Accenture)의 설문조사에 따르면, 코로나19로부터 안전하게 근무할 수 있고 삶의 질이 나아졌으며, 일에 대한 자유도가 높아져 생산성이 높아졌다고 응답했다고 합니다. 모든 직원이 메타버스로 출근하는 직방의 직원들은 출퇴근 시간이 줄어들어 시간 활용도가 늘어났고, 어디서든 원하는 곳에서 일할 수 있어서 생산성이 높아졌다고 합니다.

예를 들면 제주도에 한 달 살기를 하며 일할 수도 있죠. 또한 코로나19가 끝나면 시차가 맞는 해외 다른 나라에서 근무하겠다고 얘기하는 직원도 있었습니다. 일반적으로 제주도에서 한 달 살기를 하려면 휴가를 내야 하고 업무 공백의 문제도 생길 수 있어 결정이 쉽지 않습니다.

메타버스를 업무에 도입하면 기업 입장에서도 장점이 있습니다.

먼저, 임대료를 줄일 수가 있겠죠. 특히 직방처럼 모든 직원이 가상으로 출근하면 더욱 그 비용 절감 효과는 클 것입니다. 리서치 기업 글로벌 워크플레이스 애널리틱스(Global workplace analytics)는 재택근무로 1인당 비용을 연간 1만 1천만 달러 이상 절감할 수 있는 것으로 추정하고 있습니다. 호주 건강보험회사 NIB는 직원들에게 주 4일 이상 원격근무를 권장하면서 시드니에서 임대료가 가장 비싼 사무실 건물 중 1곳의 2개 층을 사용하지 않기로 했다고 합니다. 또한 영국 민간은행 로이드(Lloyds) 뱅크는 코로나19 이후 직원의 약 80%가 재택근무가 혼합된 형태로 근무하고, 2023년까지 사무실 공간이 20% 감소할 것으로 전망하고 있습니다. 기업 측면에서 또 다른 장점은 전 세계 인재를 채용할 수 있다는 것입니다. 메타버스로 출근하면 나라와 지역을 초월해서 우수 인재를 영입할 기회가 생기는 것이죠.

물론 메타버스 근무 형태에 장점만 있는 것은 아닙니다. 실제 대면의 기회가 줄어들기 때문에 직원들 간 친밀감을 느끼기 어렵고 근태관리 복잡성, 인사평가 곤란, 도입 비용, 보안 등 다양한 문제도 존재합니다. 또한 계속 가상공간에서 업무에 묶여 있다는 압박감, 일에 대한 회피, 건강 문제 등에 대한 부작용도 생길 수 있기 때문에 이를 반영한 목표관리와 건강관리 지원 방안을 검토할 필요도 있습니다.

신재생에너지 기업 OCI는 시공간 제약이 없는 업무 환경 지원을 위해 2021년 8월 메타버스 가상오피스를 도입했습니다. 실제 사무실과 유사한 가상공간에서 직원들이 소통하고 업무를 할 수 있도록 지원해 메타버스를 업무 전반에 활용하기 위해서 추진한 것이죠. 홍보나 채용 등 일회성 이벤트에 그치지 않고 메타버스를 계속 일하는 공간으로 인식한 것입니다. OCI

는 내부 설문조사를 통해 재택근무 시 소외감이나 불안감 등의 의견을 확인했고, 경영진이 먼저 메타버스 오피스에 시범 참여해 도입 효과에 대한 자신감을 얻었다고 합니다. 또한 장년층의 고충을 해소하기 위해 리버스(Reverse) 멘토링 차원에서 부서별로 전담자를 지정해 가상근무에 적응하도록 지원했습니다. 직방은 직원들의 친밀감 유지를 위해 월 1회 오프라인에서 만나고, 고객 회의실을 개방해 직원이 필요할 때 사용하도록 지원하면서 메타버스 근무의 단점을 보완해나가고 있습니다.

모든 기업이 직방처럼 전 직원이 메타버스에서 근무할 수는 없습니다. 재택근무와 오프라인 출근이 혼합된 하이브리드(Hybrid) 근무 형태도 존재할 텐데요, 코로나19가 끝난 뒤에도 미국 주요 민간 기업들은 재택근무를 병행할 전망입니다. 글로벌 투자은행 모건스탠리(Morgan Stanley)의 분석에 따르면, 미국 내 상장기업 61곳 중 69%가 코로나19 이후에도 재택근무를 병행하는 하이브리드 근무 도입을 채택할 계획인 것으로 조사되었습니다. 전체 재택근무를 선호하는 기업은 11%로 집계되었고, 사무실 출근만을 선호하는 기업은 10%에 불과했습니다. 이에 직원 전원이 주 5일 내내 사무실로 출근하는 예전의 모습으로 되돌아가지는 않을 것으로 보입니다.

리서치 기업 글로벌 워크플레이스 애널리틱스(Global Workplace Analytics)는 하이브리드 근무의 비중이 2021년 25~30%에서 2025년 70% 이상이 될 것으로 전망하고 있습니다. 또한 모든 직업에 영구 재택근무가 가능하지는 않고 56%만이 적합한 형태라고 분석했습니다. 산업과 기업의 특성, 메타버스 근무의 장단점을 고려해 자사에 최적화된 '메타버스 시대의 일하는 방식'을 모색할 필요가 있습니다.

코로나19가 끝나도 메타버스 근무가 계속될까요?

많은 기업이 코로나19 이후에도 메타버스에서 근무하는 영구 재택근무를 도입하고 있습니다. 또한 영구 재택근무 외에도 하이브리드 형태로 출근 비중을 조절하는 기업들도 다수 등장하고 있어 과거보다 메타버스에서 일하는 시간이 늘어날 것으로 전망됩니다.

코로나19가 끝나면 마스크를 벗고 이제 현실 공간에서 많은 것들을 할 수 있겠죠. 당연히 오프라인 공간에서 소통하고 놀고 일하는 시간이 늘어날 것으로 생각합니다. 하지만 주목할 만한 변화에 관심을 가질 필요가 있는데요, 영구 재택근무(Permanent Remote Work) 기업이 늘어나고 있다는 것입니다. 코로나19 기간에 재택근무를 도입한 기업들이 생산성에 긍정적인 영향을 미치고 비용을 줄일 수 있다는 장점을 살려서 코로나19가 종료되어도 계속해서 재택근무를 도입할 수 있게 한 것입니다.

글로벌 컨설팅 기업 PwC(Price Waterhouse Coopers)는 2021년 10월부터 영구 재택근무를 도입하고 불가피한 오프라인 회의 횟수도 제한하고 있습니다. PwC는 고객 서비스 부문 근로자 4만 명 전원에게 영구 재택근무를 허용했고, 직원은 한 달에 최대 3회까지만 중요한 회의, 고객 방문, 직업교육 등을 이유로 오프라인 사무실 출근이 가능합니다. 일하는 방식의 혁신을 위한 방안이며 외부에서도 파격적인 조치로 인식하고 있습니다.

실스 코필드 PwC 부대표는 "고객 서비스 부문에서 재택근무를 영구화한 조치는 회계업계에서 최초이며, 이번 조치가 코로나19 대유행으로 뒤늦게 깨달은 교훈이고, 유연성의 진화를 생각할 때 당연한 조치"라고 언급했습니다. 또한 로이터 통신은 "직원들이 밤늦게까지 회사 사무실에서 일하도록 격려하는 회계업계 관행을 보면 PwC의 조치가 파격적"이라고 보도했습니다.

온라인 증권거래 플랫폼 로빈후드는 2022년 1월, 3,400명의 직원에게 영구 재택근무를 허용했습니다. 로빈후드는 미국 캘리포니아 주 멘로파크에 본사가 있으며 영구 재택근무를 통해 우수한 글로벌 인력을 영입할 수 있을 것으로 기대하고 있는데요, 로빈후드 블로그를 통해 "지난 2년간 유연과 신뢰 덕분에 각 팀이 최선의 업무를 해낸 것은 물론, 최고의 인재를 유치하고 더욱 공정한 직장을 만들 수 있었으며, 직원들이 요청한 대로 원격으로 유연하게 일할 기회를 계속 제공할 수 있어서 매우 기쁘다"라고 밝혔습니다.

트위터도 2020년 5월에 영구 재택근무 도입을 선언하고 코로나19를 대비했는데요, 트위터는 재택근무 경험을 토대로 영구 재택근무의 가능성을 확인 후 실행했습니다. 전 트위터 CEO인 잭 도시는 "코로나19 사태 이전부터 탈집중화에 우선순위를 두고 직원들이 회사를 떠나 세계 어디서나 일할 수 있는 환경을 구축하기 위해 노력해왔다. 지난 몇 달 동안의 경험을 통해 그것이 가능함을 확인했고, 이제 원하는 직원은 앞으로 계속 재택근무를 선택할 수 있다"고 언급했습니다. 트위터는 재택근무에 필요한 물품, 네트워크 이용료와 어린이집 휴원과 등교 연기 사태에 따라 추가되는 자녀 돌봄 비용 일부도 지원했습니다. 트위터의 영구 재택근무 도입 결정 이후, 결제기업 스퀘어(Square)의 CEO를 동시에 맡았던 잭 도시는 스퀘어에도 같은 정책을 도입했습니다.

글로벌 온라인 쇼핑기업 쇼피파이(Shopify)도 영구 재택근무를 도입중입니다. 토비아스 뤼트케(Tobias Lütke)는 "쇼피파이는 디지털 기업입니다. 우리는 직면한 새로운 현실에서 일할 수 있도록 2021년까지 사무실을 폐쇄하고, 이후에는 대부분이 영구적으로 원격으로 일할 것입니다. 사무실 중심은 끝났습니다"라고 트위터에 언급했습니다.

에어비앤비도 전 세계 직원들이 어디서든 근무할 수 있는 새 근무체계를 도입한다고 2022년 4월 발표했습니다. 브라이언 체스키 에어비앤비 최고경영자(CEO)는 새 근무체계를 도입한다는 내용을 담은 이메일을 보냈으며, 이제 에어비앤비 직원들은 집·사무실 어디서든 일할 수 있게 되었습니다.

근무하는 국가 내에서도 근무지 이동이 가능하다고 합니다. 예를 들어 미국 뉴욕에서 근무하던 직원들은 미국 워싱턴으로 이동하는 것이 가능해진 것이죠. 또한 2022년 9월부터 에어비앤비 직원들은 170개 이상 국가에서 연간 최대 90일 동안 여러 국가와 지역에서 거주하며 일할 수 있습니다. 에어비앤비는 더 많은 사람이 전 세계를 여행하고 일할 수 있도록 주요국 정부들과 적극적으로 협력하고 있으며, 현재 20개 이상의 국가에서 원격근무 비자를 제공 중입니다.

이외에도 Nationwide, Coinbase, Box, Upwork, VMware, Hitachi, Slack, Quora, Fujitsu, Novartis, Siemens, Zillow, Basecamp, Atlassian,

REI, Hubspot, Schroders, Gett, Linklaters, JP Morgan, U.S. Xpress, Okta, Pinterest, RPG Enterprise, Verizon, Brex, Deutsche Bank, Indeed, CocaCola India, Dropbox, Deloitte, Reddit, Capital one, Salesforce, Drift, Cotopaxi 등 많은 기업이 원격근무 우선(Remote First) 혹은 영구 재택근무(Permanent remote work)를 시행하고 있습니다. 코로나19 이후에도 메타버스 출근은 계속될 것으로 보입니다

이러한 변화는 국내에서도 일어나고 있는데요. 라인플러스는 국내에서 최초로 전 직원 영구 재택근무를 시행하고 있습니다. 2022년 4월에는 직원들에게 새로운 근무제도를 안내하는 이메일을 보내 그동안 국내로 한정되었던 원격근무 가능 지역을 해외로 확대한다고 밝혔습니다. 이제 해외에서 근무시간에 가상에 접속해 일하고 퇴근 후 해당 국가에서 생활이 가능해진 것이죠.

네이버의 일하는 방식의 변화도 주목할 필요가 있습니다. 네이버는 본사 직원 4,795명을 대상으로 코로나19 이후 근무제도에 대한 설문조사를 실시했으며, 참여율은 76.1%에 달했는데요. 조사 결과 '개인'에게 최적의 근무방식으로 때로는 사무실, 때로는 집에서 일하는 혼합식 근무를 희망하는 직원은 52.2%로 주 5일 재택근무(41.7%)보다 높았습니다. 주 5일 사무실 출근을 희망하는 직원은 2.1%에 불과했습니다. '조직'에 가장 좋은 근무방식으로 53.5%가 혼합식 근무를 선택했습니다. 주 5일 재택근무를 희망하는 직원은 40.1%였고, 주 5일 사무실 출근을 택한 직원은 1.7%에 불과했습니다. 개인이나 조직에 상관없이 혼합식 근무를 희망한다는 의미이며, 이는 코로나가 비가역적인 변화임을 보여주는 단면이기도 합니다.

이러한 변화를 인지하고, 네이버는 2022년 7월부터 재택 등 원격근무

허용을 골자로 하는 '커넥티드 워크'(Connected Work) 제도를 도입한다고 밝혔습니다. 새 제도가 시행되면 네이버 임직원들은 2가지 형태 중 하나를 자유롭게 선택할 수 있습니다.

하나는 월평균 주 3일 이상 사무실에 출근하는 '부분 원격근무' 방식인데요. 예를 들어, 4주로 구성된 2022년 7월의 경우 월 12일 이상 사무실에 출근하면 됩니다. 다른 하나는 주 5일 '전면 원격근무' 방식입니다. 꼭 자택이 아니더라도 제주도 등 원하는 장소에서 업무에 접속하면 됩니다. 회사는 부분 원격근무를 택하는 직원들에게는 사무실 내 고정 좌석을 제공하기로 했고 전면 원격근무를 선택하고 사옥 출근 시에는 공유 좌석을 이용할 수 있습니다. 공유 좌석에도 모니터 등 업무 편의를 위한 장비가 갖춰져 있습니다.

네이버는 보도자료를 통해 "각 임직원은 두 근무제 중 하나를 자유롭게 택할 수 있다. 업무공간에 대한 직원들의 자율성을 넓혀 자율과 신뢰에 기반한 업무 문화를 만들기 위한 것"이라고 설명했습니다. 메타버스는 이제 단순히 소통하고, 게임을 하는 공간을 넘어 일하는 공간으로 진화하고 있고, 이러한 변화는 더욱 가속화될 것입니다.

휴가지에서 메타버스로 장기간 근무할 수 있을까요?

휴가지에서 업무시간중에는 메타버스로 접속해 일하고, 업무를 마치고 휴가지에서 생활하는 워케이션이 주목받고 있습니다. 메타버스가 일하는 공간으로 진화하며 영구 재택, 워케이션 등 다양한 형태의 근무를 수행하기 위한 필수요소로 자리매김하고 있습니다.

코로나19 장기화로 가상에서 근무하는 시간이 늘어나고 다양한 메타버스 업무 플랫폼이 등장하고 고도화되면서, 워케이션 업무 형태가 주목받고 있습니다. 워케이션이란 일(Work)과 휴가(Vacation)의 합성어로 오랜 기간 휴가지에 머무르며 일하는 형태입니다.

에어비앤비 CEO인 브라이언 체스키는 코로나19 이후 원하는 곳 어디서든 일할 수 있는 워케이션 시대가 열릴 것으로 전망했습니다. 코로나19 이후 수많은 기업이 영구 재택근무를 채택하고 근무 형태가 유연할수록 비용을 줄이며, 전 세계에서 다양한 재능을 가진 직원을 고용할 수 있게 되었습니다. 주 5일 출근을 할 필요가 없다면 우리는 언제든 집을 떠나 어디서든 일할 수 있게 되는 것이죠. 실제로 3분기 에어비앤비 예약의 45%는 일주일 이상, 20%는 한 달 이상의 장기 숙박이라고 합니다.

워케이션은 코로나19 이전 미국과 일본에서 주로 이루어지던 업무 형태입니다. 미국 캘리포니아 캠핑지인 타호 마운틴 랩이 있는데요, 2014년 설립된 길이 35km에 달하는 타호(Tahoe) 호수는 1,896m 높이에 자리해 눈 덮인 봉우리들과 맑은 물로 유명한 휴양지입니다. 이곳 여행자의 25%가 스키나 하이킹을 즐기면서 일하는 사람들이라고 합니다. 일본에서는 워케이션 시장이 급성장중이며, 일본항공(JSA)은 2017년 7월 1일부터 연간 최대 닷새간 해외 리조트에서 근무하는 제도를 도입해서 운영하고 있습니다. 일본 워케이션 시장 규모는 2020년 699억 엔(약 7,300억 원)에서 2025년 3,622억 엔(약 3조 7,700억 원)으로 5배 이상 성장할 전망입니다.

일본 워케이션 시장 규모

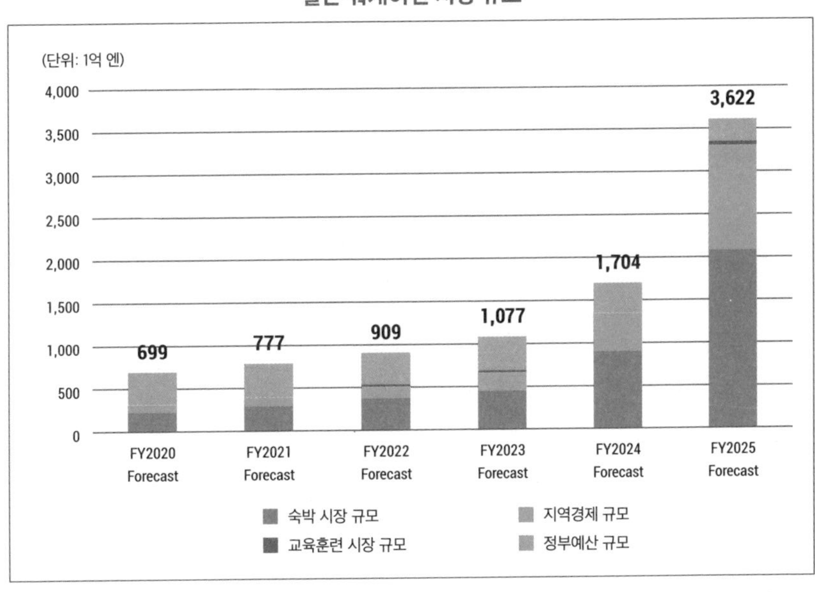

출처: yanoresearch.com

워케이션은 '제3의 공간'이라는 개념과 연관된 휴식과 재충전을 하며 일할 수 있는 곳입니다. 제3의 공간은 사회학자 레이 올든버그(Ray Oldenburg)가 제시한 개념으로, 우리가 거주하는 집(1 공간), 일하는 곳(2 공간) 외에 제3의 공간이 존재한다는 것입니다. 제3의 공간은 휴식과 재충전을 할 수 있는 편안한 비공식적 공공장소인데요, 가정과 일터를 오가며 지루한 왕복을 계속하고 있다면 삶의 동선에 제3의 공간을 연결해 새로운 변화를 일으켜 볼 수도 있을 것입니다. 제주도에 한 달 살기를 하며 일하면서 휴식하고 삶에 새로운 자극을 줘보는 거죠.

글로벌 컨설팅 기업 액센츄어(Accenture)의 설문 결과에 따르면, 캐나다 토론토 지역에서 근무하는 사람의 40%가 집이나 회사가 아닌 제3의 공간에서 근무하는 데 지불의사가 있다고 응답했습니다.

실제 워케이션 근무 형태는 효과가 있는 것으로 조사되고 있습니다. 워케이션으로 업무 생산성이 높아지고 기업 소속 의식이 증대하며, 이직에 영

제3의 공간

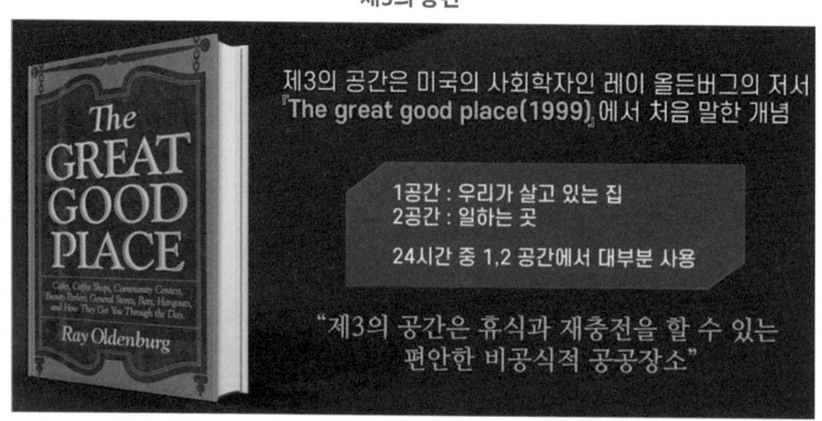

향을 미치는 요인으로도 작용하고 있습니다. NTT 경영연구소의 연구에 따르면, 워케이션은 회사에 대한 애착과 소속 의식을 높이고 워케이션을 실시할 때 업무성과는 20% 높아지는 것으로 나타났습니다. 또한 업무 스트레스는 37.3% 감소했고, 워케이션 종료 후에도 5일간 효과가 지속되었다고 합니다.

또한 잡코리아의 설문 결과에 따르면, 직장인의 85.2%가 워케이션을 긍정적으로 평가하고 있으며, 좋은 복지로 인식하고 스트레스를 덜 받아 업무에 도움이 된다고 응답했습니다. 무엇보다 직장인 10명 중 8명은 워케이션을 도입한 기업으로 이직할 의향이 있다고 조사된 점도 주목할 만한 사항입니다.

지역 활성화를 위한 방안으로도 워케이션이 추진되고 있습니다. 워케이션 활성화를 위해 기업과 지자체가 협력하거나 특화상품 개발 등 다양한 노

워케이션 설문조사 결과

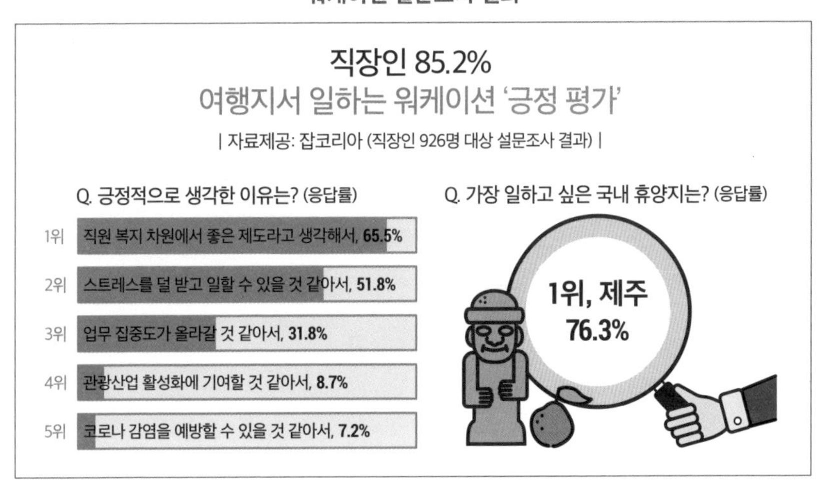

력이 이루어지고 있는 중입니다. 2019년 워케이션을 도입한 유니레버 재팬은 지자체와 제휴해, 워케이션을 통해 지역 과제를 해결하는 등 CSR 추진 수단으로 활용하고 있습니다.

강원도 관광재단은 2021년 3월 인터파크와 손잡고 강원 워케이션 특화 상품을 기획한 후 출시했는데, 2개월 만에 8,238박이 판매되었으며, 덕분에 비수기로 꼽히는 주중 숙박이 전년도 같은 기간에 견주었을 때 25% 증가했습니다.

국내 주요 대기업과 스타트업들도 워케이션에 주목하고 도입중입니다. CJ ENM은 코로나19의 장기화로 일상화된 비대면 근무 환경을 활용하기 위해 제주도에 거점 오피스를 운영하는 워케이션을 추진하고 있습니다. 제주도 거점 오피스에서 직원들은 본인이 기존에 하던 업무를 한 달간 장소만 바꾸어 그대로 수행하며, 제주점에서 근무하는 직원들에게는 숙박비, 교통비 명목의 지원금 월 200만 원이 지급되고 근무시간 외에는 자유로운 여가

한화생명의 양양 리모트 워크플레이스

자료: 한화생명

남해에서 워케이션중인 토스 직원

자료: 토스

생활이 가능합니다.

한화생명은 2021년 7월부터 리모트 워크플레이스(Remote Workplace)를 도입해 직원들이 새로운 장소에서 일하면서 창의적인 아이디어를 도출할 수 있도록 하고 있습니다. 한화생명은 강원도 양양의 호텔에서 바다를 보며 일할 수 있도록 업무 환경을 조성하고 일과 후에 요가, 명상 등의 다양한 프로그램 참여를 지원하고 있습니다.

토스는 2021년 11월, 경상남도 남해군과 협업해서 유휴공간 한 곳을 숙소 겸 사무실로 활용하면서 팀원 7명이 파일럿(pilot) 형태로 2주간 함께 근무하며 생활할 수 있도록 했습니다. 토스는 직원들에게 쉬면서 업무를 볼 수 있는 환경을 조성한다는 계획입니다.

야놀자는 2021년 10월부터 일주일간 여행지에서 일하며 업무와 휴식을 동시에 할 수 있는 워케이션 제도를 시행하고 신청자에게 숙박과 식사, 차량을 지원하고 있습니다. 첫 워케이션은 일주일간 강원도 평창군에서 진행되며, 야놀자는 임직원들에게 업무 외 시간을 활용한 지역 관광을 장려하고 강원도 관광재단과 협력해 워케이션 전용 상품을 개발한다고 합니다.

워케이션을 위해서는 메타버스 출근이 필요합니다. 메타버스가 일하는 곳으로 진화하면서 영구 재택, 워케이션 등 다양한 형태의 근무를 수행하기 위한 필수요소로 자리매김하고 있는 것이죠. 일하는 공간이 2D 인터넷에서 3D 기반 가상공간으로 진화하면서 현실에서의 공존감을 유지하기 위한 다양한 메타버스 업무 플랫폼이 등장하고 있습니다. 업무효율을 높이기 위해 텍스트, 이미지, 영상 방식을 넘어서 제3의 공간, 즉 가상공간에서 공존감을 느끼며 몰입할 수 있는 메타버스 업무 환경이 더욱 주목받을 것입니다.

사람들은 메타버스 근무를 어떻게 생각하고 있나요?

설문조사 결과 많은 사람이 메타버스 근무를 희망하고 있습니다. 메타버스 시대가 열리면서 일하는 방식이 변하고 있습니다. 이제는 이러한 변화를 이해하고 자사에 적합한 일하는 방식의 변화 방향을 모색해야 할 시점입니다.

이 책을 읽고 계시는 독자분들께 질문을 드려보겠습니다. "만일 여러분이 메타버스에서 근무할 수 있다면, 근무하시겠습니까?" "여러분들이 다니고 있던 회사가 모두 메타버스로 출근하라고 한다면, 어떻게 하시겠습니까?" 현재 출퇴근 지역, 업종, 개인의 성향에 따라 각자의 선택은 매우 다르시겠지만 서울시 여성능력개발원의 설문 결과에 따르면 서울시민 4,476명 중 65.1%는 출근방식을 선택할 수 있다면 메타버스로 출근하고 싶은 것으로 나타났습니다.

메타버스 출근을 선택한 이유로는 '근무하면서 동시에 집안일, 육아 등 현실 세계를 돌볼 수 있어서'가 53.1%로 가장 많았습니다. 여성은 56%, 남성은 43%가 일과 생활 균형을 이유로 들었으며, 그중 20대 기혼 여성이

메타버스 출근에 대한 설문 결과

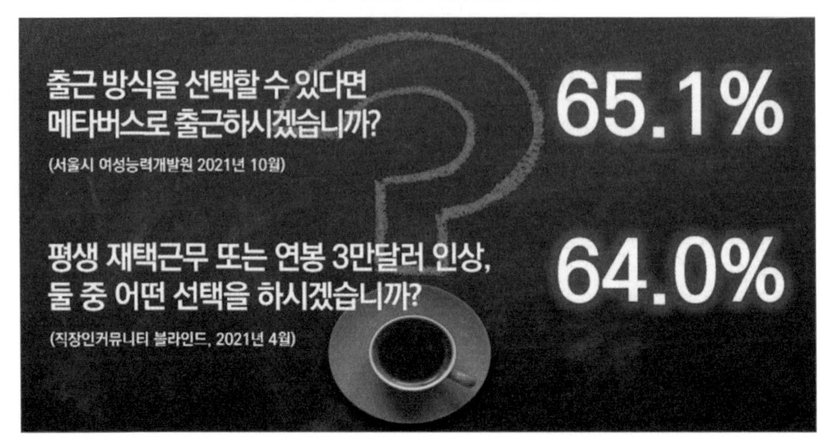

자료: 여성능력개발원, 블라인드

81%로 일과 생활 균형에 가장 큰 반응을 보였습니다. 메타버스 출근을 희망하는 다른 이유로는 '대면 의사소통보다 아바타로 의사소통하는 것이 더 좋아서'가 19.9%, '가상세계 업무가 편리할 것 같아서' 17.4% 등의 응답이 뒤를 이었습니다. 현실로 출근을 희망하는 사람들의 이유로는 '대면 의사소통에 대한 선호'가 41%, '아바타로는 할 수 없는 일이 많을 것 같아서' 27.5% 등이 차지했습니다.

이번에는 조금 더 어려운 질문을 드려보겠습니다. 평생 재택근무와 연봉 3만 달러 인상 중 선택하라고 한다면 어떤 결정을 하시겠습니까? 실제 이 질문을 직장인 커뮤니티 앱 블라인드(Blind)가 애플, 구글, 아마존 등 주요 대기업 직원 3천 명에게 했는데 65.5%가 '평생 재택근무'를 선택했습니다. 여론조사 기업 캡릴로(Caprelo)는 북미의 근로자 1,100명에게 재택근무를 유지할 수 있다면 급여를 삭감할 의향이 있는가를 물었는데, 65.5%가 '삭감 의향이 있다'고 응답했습니다.

또한 사람들은 재택근무 가능 여부를 퇴사와 이직의 중요한 요인이라고 인식하고 있는데요, 미국 여론조사 기관 모닝 컨설트(Morning Consult)가 성인 1천 명을 대상으로 재택근무에 관해 설문을 진행했는데, 응답자의 39%가 상사가 재택근무에 유연하지 않다면 퇴사를 고려하겠다고 응답해 눈길을 끌었습니다. 퇴사를 고려하겠다는 39%의 응답자 중 49%는 1980년 이후에 태어난 MZ세대였습니다. 젊은층일수록 재택근무를 더욱 희망한다는 거죠. 미국 취업 정보 사이트 플렉스 잡스(Flex jobs)가 코로나19 동안 원격근무한 2,100명을 대상으로 시행한 설문조사에서도 58%가 원격근무를 계속할 수 없다면 새로운 일자리를 찾을 것이라고 응답했습니다. 전일(Full time) 사무실 근무를 희망하는 사람은 2%에 불과했습니다.

메타버스 시대가 열리면서 일하는 방식이 변화하고 있습니다. 직방의 직원 350명은 메타폴리스로 출근하기로 했을 때 모두 만족했을까요? 좋아하는 사람도 있고, 그렇지 않은 사람도 있었을 것입니다. 하지만 회사의 경영 방침이고, 그러한 변화를 받아들이기 어렵다면 계속 근무하기 어렵겠지요. 반대의 경우도 있을 수 있습니다.

어떤 기업의 최고경영자가 반드시 모든 직원은 오프라인 건물에 출근해서 일해야 한다고 생각할 수도 있지요. 하지만 많은 직원은 메타버스로 출근하길 희망하고 주변의 기업들이 메타버스 출근 비중을 높이고 있다면 고민을 해봐야겠지요. 메타버스의 확산과 함께 일하는 방식에 있어서 과거로 되돌아가기 어려운 변화가 일어나고 있습니다. 변화를 이해하고 새로운 흐름에 올라타야 할 시점입니다.

METAVERSE

메타버스에서 크리에이터들이 새로운 생산의 주체로 부상하며 돈을 벌고 있습니다. 디지털 아이템 및 게임 제작 판매, 아바타 라이브 방송, 메타버스 드라마 제작 등 다양한 직업과 수익모델이 생겨나고 진화하고 있습니다. 메타버스에서는 현실과 다른 방식으로 뮤지션, 웹툰 작가, 미술가 등 다양한 직업을 가져볼 수도 있고, 가상인간을 활용해 기존에 없던 새로운 수익모델을 만들어나갈 수도 있습니다.

4장

메타버스와 NFT 세상에서 돈 버는 법

로블록스는 왜 주목받고 있으며, 어떻게 돈을 벌 수 있나요?

로블록스에서 MZ세대들이 많은 시간을 보내며 소통하고 게임을 즐기면서 생활하고 있습니다. 이들은 메타버스에서 소비를 넘어 새로운 생산의 주체로 부상하며 크리에이터 경제를 형성하고 수익을 창출하고 있습니다.

로블록스는 아바타로 로그인해서 사람들과 만나 소통하고 게임하고 공연도 보는 말 그대로 사회, 경제, 문화 활동이 일어나는 곳입니다. 로블록스가 청소년 이용자 3천 명에게 설문한 결과 응답자의 62%가 로블록스의 주요 활동으로 '친구와의 대화'를 꼽을 정도로 이제 로블록스는 게임을 넘어 지인들과 소통하는 공간으로 역할을 하고 있습니다. 로블록스에서 누군가 돈을 벌고 있다는 것은 그런 여건이 조성되어 있다는 뜻이겠지요.

로블록스는 엄청나게 많은 사람이 방문하는 곳입니다. 로블록스에서 활발하게 활동하는 사람 수는 하루에, 2021년 4분기 기준 49.5만 명이고, 2022년 1월에는 54.7만 명으로 늘어났습니다. 2019년 1분기보다 3배 이상 증가한 것이죠.

로블록스의 일간 활성 사용자 수(단위: 1백만)

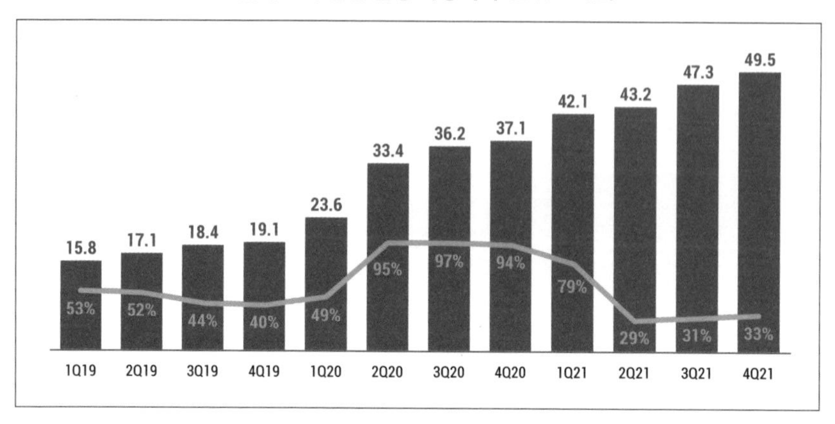

자료: 로블록스

또한 로블록스에 모인 많은 사람이 로블록스에서 많은 시간을 보내고 있는데요, 이용자들은 2021년 4분기에 108억 시간을 로블록스에서 사용했습니다.

더욱 주목할 점은 일단 로블록스에 로그인하면 사용자들은 약 2시간이 넘는 시간을 사용한다는 것입니다. 틱톡, 유튜브, 인스타그램, 페이스북 등 주요 서비스와 비교해도 월등히 높다는 걸 알 수 있습니다. 유튜브보다 3배나 되는 시간을 로블록스에서 보내고 있습니다.

이처럼 엄청나게 많은 사용자가 많은 시간을 보내고 있는 곳에서 내가 무언가를 만들어 팔 수 있다면 돈을 벌 수 있겠죠? 로블록스는 사용자들이 게임이나 아이템 등을 스스로 만들 수 있는 스튜디오(STUDIO)를 제공하고 있습니다. 사용자들은 스튜디오를 활용해 복잡하고 어려운 코딩방식이 아닌, 직관적이고 보다 쉬운 방식으로 게임이나 아이템을 만들 수 있게 되었습니다.

로블록스의 사용 시간(단위: 1백만)

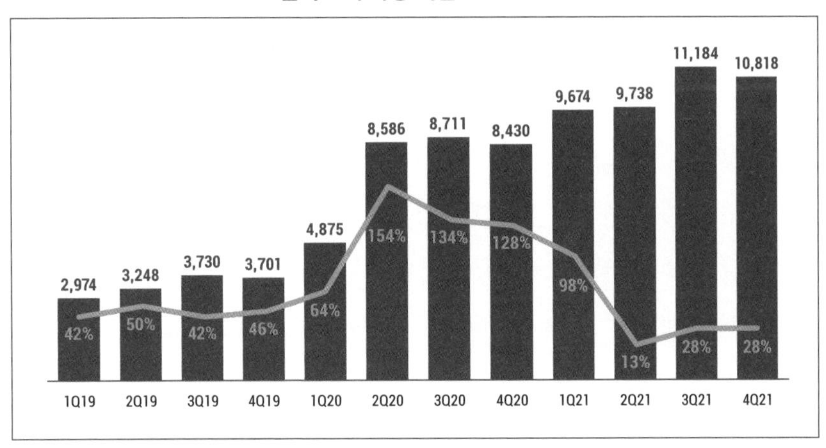

자료: 로블록스

주요 서비스별 사용자들의 하루 평균 이용 시간(2020년 기준)

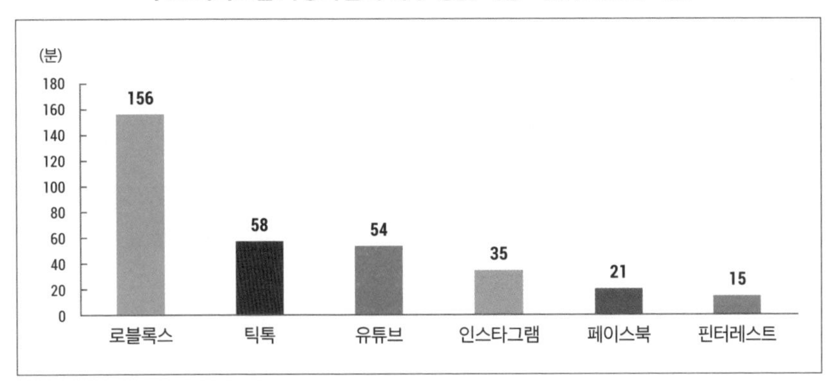

자료: Sensor Tower

그리고 제작한 디지털 자산을 로블록스 안에 있는 스토어(Store)에서 판매할 수 있고, 판매되면 돈을 벌 수 있죠. 로블록스 안에서 통용되는 화폐, 로벅스를 벌면 이를 환전해 현실에서 사용할 수 있습니다. 환전 비율은 10만 로벅스당 350달러입니다. 크리에이터와 로블록스 간의 수익배분은 세부 기준에 따라 변동이 있지만 게임은 크리에이터가 70%, 아이템은 크리에이터가 30%의 수익을 가져갑니다. 2021년 12월 기준으로 로블록스 스튜디오 이용자 수는 1,050만 명이고 5,500만 개 이상의 게임이 제작되어 거래되고 있습니다.

2021년 9월 17일, 넷플릭스에 〈오징어 게임〉 시리즈가 등장하고 전 세계적으로 인기를 끌었는데요, 시리즈 공개 1주 차에 로블록스에서 〈오징어 게임〉과 연관된 게임이 약 300개, 2주 차에는 약 1천 개 제작되고 스토어에서 거래되었습니다. 로블록스 크리에이터들이 스튜디오를 활용해 얼마나

로블록스 STUDIO로 제작된 <오징어 게임>

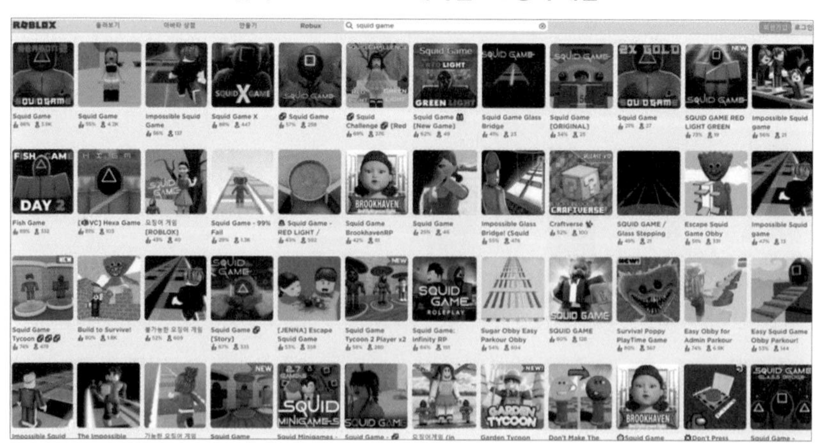

자료: 로블록스

로블록스의 크리에이터 수익(단위: 1백만)

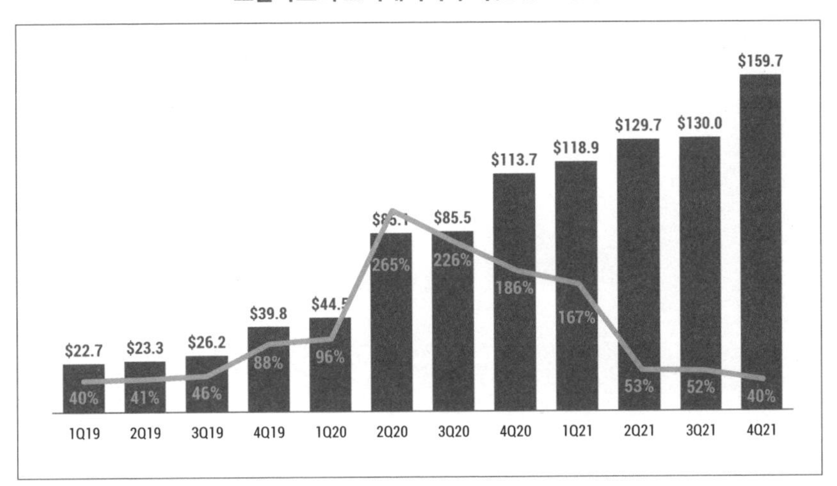

자료: 로블록스

빠르고 다양하게 디지털 자산을 만들어내며 수익을 창출할 수 있는지 알 수 있는 사례입니다.

실제 로블록스에서 스튜디오를 활용해 수익을 창출하는 크리에이터들이 2021년 3분기 1억 3천만 달러, 2021년 4분기 약 1억 6천만 달러를 벌어들였고, 매년 증가하고 있습니다. 2021년 6월 기준 약 130만 명이 실제 로블록스에서 돈을 벌고 있습니다.

로블록스의 전체 수익구조를 살펴보면, 수익 중 27.4%를 크리에이터들에게 배분하고 로블록스는 23.8%의 수익을 가져갑니다. 애플과 구글 등에 플랫폼 이용료로 24.1%를 지출하고 있고, 나머지는 로블록스 플랫폼에 대한 투자 등에 사용하고 있습니다.

알렉스 발판츠라는 18살 소년은 로블록스 스튜디오를 활용해 감옥 탈출

로블록스 내 감옥 탈출(Jail Break)

자료: 로블록스

감옥 탈출(Jail Break) 장난감

자료: 로블록스

(Jail Break) 게임을 만들었습니다. 이 게임은 1개월 최고 25만 달러(약 3억 원)의 수익을 창출했고 현재도 인기가 많은 게임입니다. 2022년 기준 알렉스 발판츠는 23세가 되었으니 그간 수십억 원을 벌었겠죠.

감옥 탈출 게임은 기업과의 협력으로 수익모델을 확장하고 있습니다. McLaren은 로블록스에 기술센터(Technology Center)를 만들고, 그 안에서 새로운 MCL36 Formula 1 자동차를 출시했습니다. 실제 자동차가 로블록스에서 먼저 출시되었고 신차는 감옥 탈출 게임에서 사용할 수 있도록 했습니다. 이용자들은 신차 관련 아이템, 자동차 구매와 더불어 감옥 탈출 게임을 하게 되었고 수익은 늘어나고 있습니다.

또한 감옥 탈출(Jail Break) 게임은 피규어 등 장난감과 연계되어 판매되면서 수익은 더욱 늘어나고 있죠. 하나의 게임이 다양한 수익모델과 결합하며 새로운 기회를 만들고 있습니다.

배드 비즈니스(Bad Business)

자료: 로블록스

로블록시안 하이스쿨(Robloxian High School)

자료: 로블록스

장난감 기업 해즈브로(Hasbro)는 로블록스와 협력해 현실에서 할 수 있는 모노폴리 게임, 로블록스 내 인기 게임 '입양하세요'와 관련한 현실의 장난감을 만들어 팔고 있습니다. 가상과 현실이 연계되며 수익모델이 늘어나고 있는 것이죠.

2022년에 21세가 되는 청년 이단 가브론스키는 로블록스 스튜디오로 액션 게임 배드 비즈니스(Bad Business)를 2019년에 만들어 월 5,500만 원씩 수익을 창출하고 있습니다.

알렉스 힉스는 13세에 로블록스에 입문해 게임 개발을 시작했는데요. 2010년부터 '포켓몬스터' '진격의 거인' '블리치' 등 인기 애니메이션을 본떠 만든 게임을 선보이며 스타 개발자가 되었습니다. 힉스는 로블록스에서 소프트웨어 개발 인턴 생활을 하다 캐나다 칼튼대를 중퇴하고 2018년 로블록스 기반 게임 개발사 레드만타를 설립했고, 월 활성 이용자 수(MAU) 500만 명의 히트작인 로블록시안 하이스쿨(Robloxian High School) 등을 앞세워 2020년 200만 달러(약 23억 원)의 수익을 창출했습니다. 당시 그의 나이는 25세였습니다.

로블록스에서 다양한 크리에이터들이 계속 새로운 경험을 제공하는 게임을 만들어내고 있습니다. 위에서 언급했던 게임들이 2021년 가장 많이 방문한 게임 TOP 10에 들지 못한 것을 보면 그만큼 경쟁도 치열하다는 의미입니다.

룩 뱅가드(Rook Vanguard)는 로블록스 가상패션 디자이너로 각도에 따라 색상이 변하는 3D 아이템 제작자로 유명합니다. 다양한 아이템을 제작했으며, 출시 6개월 만에 5만 개 이상의 아이템이 판매되었습니다.

룩 뱅가드는 로블록스 스토어에 3D 아이템을 지속적으로 제작했는데

로블록스 스토어에 업로드된 룩 뱅가드의 3D 아이템

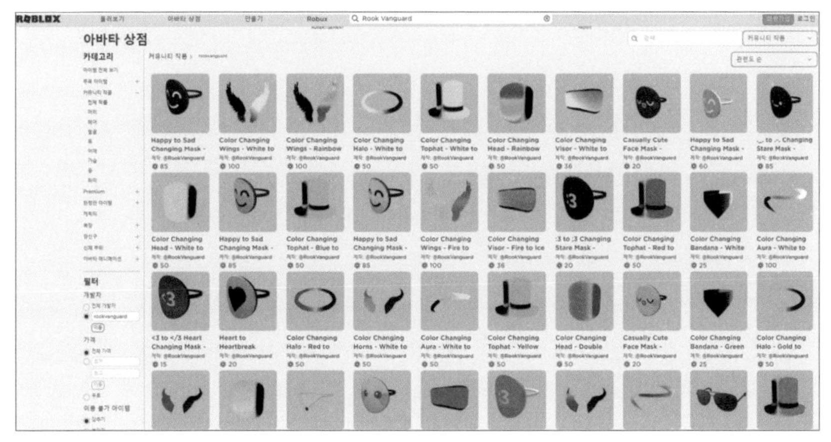

자료: 로블록스

요, 하나의 아이템으로 성공한 것이 아니라 꾸준히 자신만의 3D 아이템을 제작하고 판매해 인정받은 것입니다.

룩 뱅가드는 자신만의 3D 아이템을 제작해 판매하면서 전용 홈페이지를 만들어 외부 기업, 개인의 아이템 제작 수요를 받기도 합니다. 로블록스 전문 아이템 제작 기업으로 자리매김한 것이죠.

실제 룩 뱅가드는 구찌, 현대자동차와 협력해 해당 기업들이 로블록스 내 월드를 만들 때 참여했습니다. 이미 많은 기업이 로블록스에 자신만의 랜드를 만들고, 앞으로도 이러한 시도는 계속될 것입니다. 자신만의 차별화된 아이디어와 디지털 아이템 제작 능력이 있는 크리에이터들에게도 새로운 기회가 생길 것입니다.

제페토에서는 어떻게 돈을 벌 수 있나요?

제페토에서 스튜디오를 활용한 디지털 아이템 제작 판매, 라이브 방송, 메타버스 드라마 제작 등 다양한 직업과 수익모델이 생겨나며 진화하고 있습니다. 메타버스 시대, 새로운 크리에이터 경제모델에 관심을 가질 시점입니다.

네이버 Z가 2018년에 출시한 제페토의 글로벌 누적 가입자가 2022년 3월 기준 3억 명을 돌파했습니다. 제페토에서는 아바타를 통해 자신을 표현하고 소통하고 커뮤니티 등 다양한 활동을 할 수 있습니다. 제페토는 글로벌 월간 활성 이용자 MAU(Monthly Active User)가 2천만 명이며, 전 세계 200여 개 국가에서 서비스중이고, 글로벌 이용자 비중이 약 95%에 달할 정도로 글로벌 Z세대를 중심으로 빠르게 성장하고 있습니다. 구찌, 크리스찬 디올, 나이키, 랄프로렌 등 패션·뷰티 기업과 하이브, JYP, YG 등 엔터테인먼트 기업과의 제휴도 활발하게 진행되고 있습니다.

제페토 스튜디오(STUDIO)

자료: 제페토

제페토는 2020년 4월, 이용자가 직접 아바타 의상, 소품 등을 제작할 수 있는 제페토 스튜디오를 출시했고, 230만 명의 크리에이터가 이 스튜디오를 이용해 디지털 창작활동을 하고 있습니다. 크리에이터들이 제작한 아이템 판매량은 6,800만 개에 달하고 있습니다.

제페토 스튜디오를 활용해 디지털 아이템을 만들고 스토어에 올려서 판매되면 수익을 창출할 수 있습니다. 실제 렌지(Lenge), 아티(ARTY), 하리, 코코, CLOUD 등 많은 수익을 창출하는 유명한 제페토 크리에이터들이 등장하고 활동하고 있습니다. 자신의 독창적인 아이디어를 제페토 스튜디오를 통해 구현하고 실제 돈도 벌고 있는 거죠. 아이템이 판매되면 판매액의 25%를 수익으로 배분받게 됩니다. 아이템 판매액이 5,000 ZEM 이상일 경우 출금이 가능하고, 대략 10만 원에 해당합니다.

제페토의 유명 크리에이터

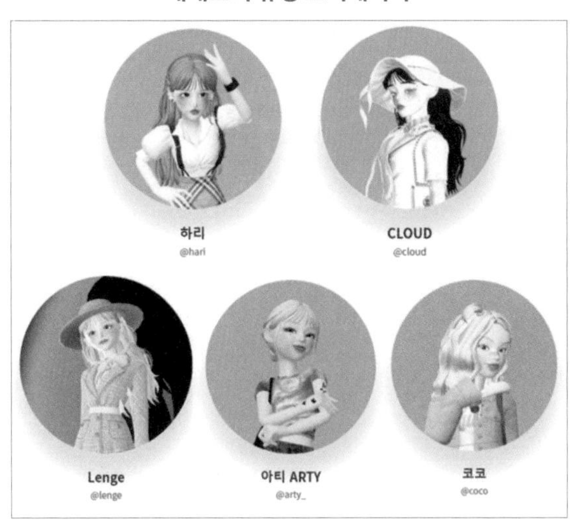

자료: 제페토

1995년생, 제페토 ID 렌지(Lenge)는 제페토 내 55만 명의 팔로워를 보유한 유명 크리에이터입니다. 제페토에서 크리에이터라는 새로운 직업으로 살고 있죠. 첫 아바타를 오렌지색 패션 아이템으로 꾸몄고, 닉네임은 '오렌지'로 하면 재미가 없어서 앞 글자 '오'를 떼어내니 '렌지'가 되었다고 합니다. 아이템을 제작할 수 있는 도구인 제페토 스튜디오가 출시되자, 렌지는 패션·뷰티 아이템을 디자인해 판매하기 시작했고, 현재 누적 제작 아이템은 1,000종류, 판매량은 100만 개가 넘는다고 합니다.

렌지의 2021년 월평균 수익은 1,500만 원 이상이라고 하니 대기업 직장인이 부럽지 않은 억대의 연봉자입니다. 렌지는 제페토와의 인터뷰에서 본인은 3D 디자인을 전혀 전공하지 않은 평범한 대학생이고, 스튜디오를 활용해 돈을 번다고 했을 때 부모님도 믿지 않았다고 합니다.

매니지먼트 O에서 일하고 있는 모습

자료: 렌지 유튜브

이제는 메타버스에서 기존에 없던 새로운 직업으로 자신의 역량을 펼치며 살아가고 있습니다. 렌지는 1인 크리에이터로 활동을 하다가, 이후 제페토 크리에이터에 많은 사람들과 모여 '매니지먼트 O'라고 하는 회사를 제페토에 차립니다.

함께 일하고 있는 크리에이터가 15명이고, 이제 렌지는 기업의 CEO가 되었습니다. 가상에서 일하니 사무실 임대료도 들지 않고 일을 할 수 있겠죠. 같이 일하는 동료 중에서 또 다른 억대 연봉자가 생겼다고 합니다.

렌지는 '매니지먼트 O'를 운영하다가 '렌지드(LENGED)'라는 메타버스 전문 기업을 세운 후, 2021년 12월 첫 채용공고를 내고 사업을 확대하고 있습니다. 자신의 아바타 렌지를 세계적인 브랜드로 키우고 메타버스 크리에이터들을 위한 커뮤니티를 만들어 육성하며, 사업 분야도 의상·소품을 넘

렌지드(LENGED) 채용공고

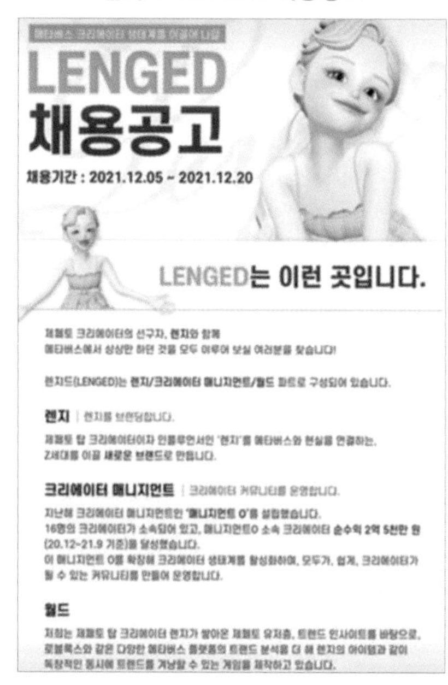

자료: 제페토

어 게임으로 확대하겠다는 목표를 세우고 있습니다.

렌지는 다른 기업과의 협력을 추진하고 있는데요, '연애 플레이 리스트' '에이틴' 등 인기 하이틴 드라마 IP를 보유한 제작사, 플레이리스트와 업무 협약을 체결했습니다. 플레이리스트가 가진 IP를 메타버스 플랫폼으로 확장해 새로운 사업 기회를 찾으려는 시도입니다.

약 2년 동안, 제페토 사용자에서 크리에이터로, 이종 기업과의 협력을 추진하고 있는 CEO로 변신하고 있는 모습을 보면, 메타버스에서의 경제가 얼마나 빠르게 가동되는지 짐작해볼 수 있습니다. 메타버스에 올라타서 실제 수익을 창출하는 모습을 보면서 변화가 지금 일어나고 있다고 느껴집니다.

제페토에서 아이템 제작 외에 돈을 버는 다른 방법이 생겼는데요, 제페토 라이브를 통해 아바타로 라이브 방송을 할 수 있습니다. 호스트는 제스처, 배경 설정 등 여러 기능을 사용해서 방송을 할 수 있고, 시청자는 라이브 방송을 보며 아이템 구매를 할 수도 있고 호스트에게 후원을 할 수도 있습니다. 입장료를 내야 라이브 방송 참가가 가능한 모델도 만들 수 있겠죠. 고정비 없이 다양한 형태의 커뮤니티를 만들고 라이브 방송을 통해 수익을 만들 기회가 생긴 것입니다.

제페토 라이브 방송

자료: 제페토

제페토 아바타로 드라마를 제작하기도 합니다. 아바타가 배우로 등장하고, 흥미로운 주제로 진행되는 메타버스 드라마가 만들어져 유튜브를 통해 공개되기도 합니다. 주목받는 메타버스 드라마가 생겨나면 드라마 자체가 별도의 수익모델이 될 수 있을 것이며, 이는 유튜브 구독자와 조회 수를 늘

제페토 드라마 유튜버, 이호

자료: 이호 유튜브

리는 데도 효과가 있어 결과적으로 광고 수익을 올리는 데 도움이 될 것입니다.

제페토 ID, 이호는 메타버스 드라마 제작자입니다. 이호는 제페토에서 아바타를 꾸미며 생활하고 있었는데, 어느 날 제페토 내 한 크리에이터에게 메타버스 드라마 제작 참여 요청 메시지를 받았다고 합니다. 제페토에서 드라마를 만들고 있는데 이호의 아바타가 배역에 적합하다고 판단하고 출연 요청을 한 거죠. 이호는 메타버스 드라마에서 연기를 경험하고, 이후 직접 드라마 제작을 하기로 결심했다고 합니다.

이호가 만든 제페토 드라마는 100개, 2년 동안 누적 조회 수는 300만 회에 달합니다. 구독자는 10대가 대부분이며, 내용도 이들의 관심사에 초점을 맞춘다고 합니다. '남사친이 남친이 되는 순간', '학생회장을 좋아해버렸다' 등 10대들의 관심사를 주제로 메타버스 드라마를 제작한 것이죠. 메타버스 드라마 제작을 위해 제페토와 유튜브에서 공고를 통해 출연 섭외를

하기도 하고, 다른 아바타를 보고 직접 섭외하기도 한다고 합니다. 제작 스토리를 모두 직접 구성하며, 메타버스 드라마는 보통 5분 이내지만 제작은 5시간이 소요된다고 하네요.

언론 인터뷰 내용을 보면 이호는 새로운 목표를 설정한 것 같습니다. "부모님께 처음엔 비밀로 했어요. 그러다 구독자 수와 드라마 조회 수가 점차 늘자, 말씀드렸어요. 처음엔 시큰둥한 반응이었죠. 그런데 수익이 난 뒤부터 달라졌어요. (웃음) 공부와 병행한다는 조건으로 제 꿈을 지지해주시기 시작했습니다. 혹자가 국내 제페토, 메타버스 드라마 제작자 중 으뜸이 누구냐고 물으면, 대다수가 '이호'를 떠올리도록 하는 게 목표예요. 제페토에서 그간 쌓아온 역량을 바탕으로 향후 진로도 구체화할 예정입니다. 저는 제페토로 이전과 다른 삶을 살게 되었어요. 성장한 거죠. 이처럼 메타버스에서 여러 사람이 꿈을 찾고 성장하길 바랍니다."

제페토에서 아바타, 아이템, 월드를 잘 만들면 제작 의뢰도 들어오고 제

크몽의 메타버스 월드 제작 공고

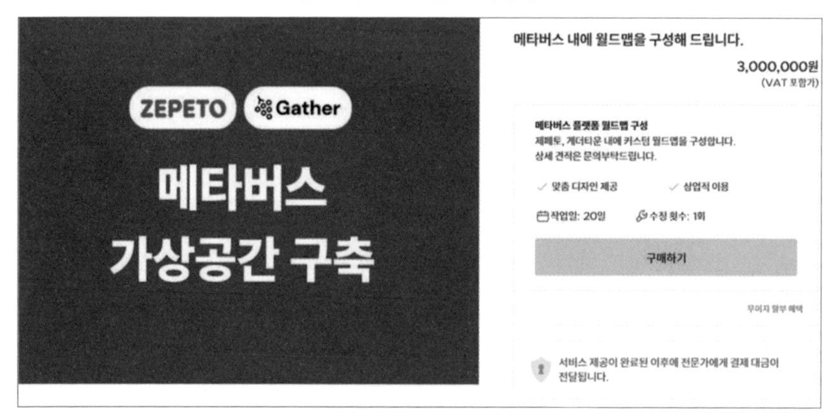

자료: 크몽

작 공고를 내기도 합니다. 수익모델이 확장되는 거죠. 제페토를 다양한 용도로 활용하고 싶은 기업과 공공기관이 늘어나고, 이들이 원하는 세상을 만들 사람이 필요해진 겁니다. 재능 플랫폼 크몽 등 다양한 경로를 통해서 메타버스 제작 요청이 들어오기도 하고, 공고가 나기도 합니다. 메타버스 월드 제작 의뢰자는 크리에이터의 포트폴리오를 보고 의뢰하기도 하고, 공고를 통해 문의하기도 합니다.

간접 광고인 PPL(Product Placement) 수익모델도 있는데요, 제페토 내에서 팔로워가 많은 사람에게 기업이나 기관에서 월드를 만든 후에 그곳에 와서 노는 모습을 영상이나 사진으로 인증을 해주고 대가를 받는 '월드 플레이'라는 개념이 있습니다. 협찬이나 광고와 같은 방식이죠.

제페토에서 돈을 버는 방법이 늘어날 것 같습니다. 로블록스처럼 게임 스튜디오(STUDIO)를 만들어서 배포할 계획이라고 하네요. 이제 사용자들이 자신만의 새로운 아이디어를 게임으로 구현해 돈을 벌 수 있게 될 것 같습니다. 네이버 Z는 게임사 루노소프트와의 합작사인 '피노키오'를 설립했는데요, 루노소프트는 500만 이용자를 모은 '디즈니 틀린 그림 찾기' 등을 제작한 모바일 게임 기업입니다. 네이버 Z는 40억 원을 투자해 피노키오의 지분 33.3%를 취득했고, 제페토 안에서 많은 사람이 창의적인 아이디어를 게임으로 구현할 수 있도록 지원할 전망입니다.

하나의 메타버스에서 돈을 버는 방법이 늘어나고 분야도 다양해지고 있습니다. 더 흥미로운 점은 이러한 메타버스가 이미 여러 개이고 앞으로 흥미진진한 메타버스가 더 생겨날 거라는 거죠. 메타버스가 가져올 새로운 미래에 관심을 가질 필요가 있습니다.

이프랜드에서는 어떻게 돈을 벌 수 있나요?

이프랜드는 로블록스, 제페토 등 다양한 메타버스 플랫폼에서 제공하는 수익모델 활동을 지원할 계획이며, 향후 이용자들은 자신의 아이디어로 돈을 벌 수 있는 메타버스 세계가 추가되어 더욱 역량을 발휘할 것으로 기대됩니다.

만약을 뜻하는 if와 땅을 뜻하는 land의 합성어로 만들어진 이프랜드(ifland)는 2021년 7월 출시 이후, MZ세대를 중심으로 높은 관심을 받으며 2021년 11월 말 기준 누적 이용자 수 450만 명, 월간 활성 이용자 수(MAU) 100만 명을 돌파했습니다. '누구든 되고 싶고, 하고 싶고, 만나고 싶고, 가고 싶은 수많은 가능성(if)이 현실이 되는 공간(land)'이라는 의미를 담고 있죠. 이프랜드에는 800여 종의 아바타 코스튬 소스와 21개가 넘는 다양한 룸 테마를 기반으로 130여 명이 같은 공간에서 소통할 수 있다는 장점이 있어 메타버스 모임과 미팅에 특히 유용합니다. 이프랜드는 전 세계 80여 개국 진출을 준비중이며, 메타 퀘스트2, PC 버전의 출시도 앞두고 있습니다.

이프랜드가 준비중인 수익모델

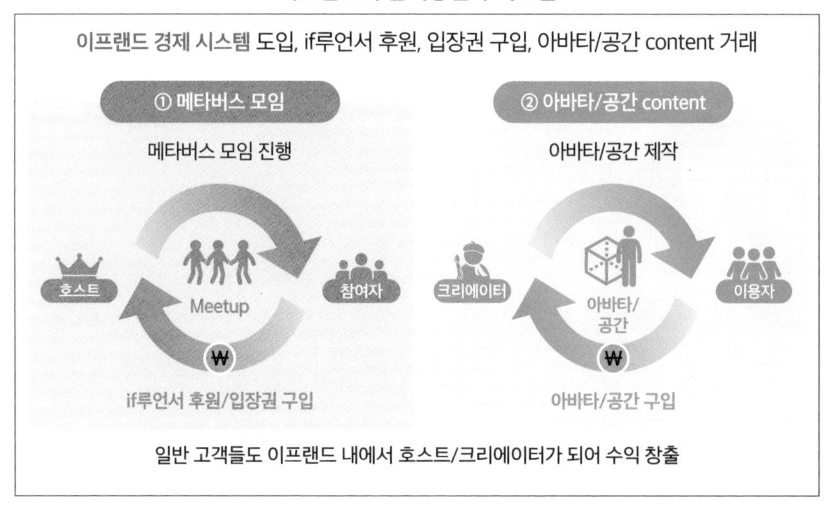

자료: 이프랜드

이프랜드도 사용자가 수익을 창출할 수 있는 여건을 마련하고 있는데요, 기자 간담회를 통해 다양한 수익모델을 준비하고 있다고 발표했습니다. 단순히 아바타를 꾸미고 소통하는 차원을 넘어서 새로운 라이프 스타일로 자리 잡도록 다양한 서비스를 추가할 계획입니다. 특히 주목할 만한 부분은 사용자가 스스로 이프랜드 안에서 사용되는 의상이나 아이템을 제작해 거래할 수 있는 마켓 시스템이라는 건데요, 이프랜드 사용자들도 로블록스, 제페토처럼 사용자들이 디지털 상품을 생산하고 거래할 수 있도록 준비하고 있습니다.

제페토의 젬(ZEM), 로블록스의 로벅스처럼 이프랜드에서 사용하는 전용 화폐도 제작된다고 합니다. 이프랜드에 따르면 개방된 생태계를 추구하는 만큼 이용자 스스로 가상공간을 제작하는 기능도 포함되고, 사용자가 주

만약의 땅

자료: 이프랜드

도하는 모임이나 공간의 입장권을 판매할 수도 있을 것이라고 합니다. 향후 이프랜드에서 누가, 어떻게 돈을 벌게 될지 유심히 지켜볼 필요가 있을 것 같습니다.

이프랜드에서는 '만약의 땅'이라는 메타버스 드라마가 제작되어 발표되었는데요, 누구나 아바타로 참여할 수 있는 개방형 제작 방식으로 메타버스 드라마를 제작했습니다. 이 드라마의 주요 배역들에는 캐스팅된 실제 연기자들이 아바타를 통해 연기를 했고 조연·단역의 경우에는 일반 이용자들을 대상으로 오디션을 시행해 캐스팅함으로써 참여형 콘텐츠의 의미를 더했습니다.

〈만약의 땅〉 드라마의 제작팀을 보면 연출 PD, 메인작가, 스타일리스트, 현장 매니저, 미술감독이 각자의 역할을 했는데요, 현실의 드라마처럼 메타버스 드라마에도 역할이 존재하고 현실과 유사한 면이 있으면서 동시에 차별화된 면도 존재합니다. 메타버스에서 새로운 문화 장르가 탄생하고 있으며 동시에 새로운 직업도 생겨나고 있는 거죠.

만약의 땅, 배우팀

자료: 이프랜드

배우도 마찬가지입니다. 주연부터 조연까지 현실처럼 배우가 각자의 역할을 하지만, 내가 아닌 아바타가 배우가 되어 드라마가 진행되죠. 이처럼 메타버스에서는 현실의 외모와 상관없이 다른 방식으로 배우가 될 수도 있습니다.

이제 시작되는 메타버스 드라마라는 새로운 장르가 어떻게 발전해나갈지 기대가 됩니다. 또한 향후 현실의 배우만큼 메타버스에서도 유명한 스타들이 탄생하지 않을까 생각합니다.

샌드박스에서는 어떻게 돈을 벌 수 있나요?

샌드박스는 블록체인 기반의 메타버스 플랫폼으로, 자신이 소유한 모든 디지털 자산이 NFT와 결합되어 이를 활용한 다양한 수익모델과 가상 직업이 생겨날 전망입니다.

샌드박스(sandbox)는 로블록스, 제페토처럼 아바타로 소통하고 생활하며 다양한 가치가 창출되는 메타버스 세상입니다. 샌드박스는 블록체인 기반의 메타버스라는 측면에서 로블록스나 제페토와는 차이가 있는데요, 샌드박스에서 소유한 디지털 자산은 NFT와 연계되어 '내 것이며, 진짜 원본'이라는 증명이 가능합니다.

물론 로블록스나 제페토에서 내가 직접 만들고 구매한 자산은 내 소유가 맞죠. 하지만 만약 두 기업이 더 이상 사업을 지속하기 어려워져 서버가 종료되면, 그 안에 존재하던 나의 디지털 자산들은 모두 사라지게 됩니다. 과거 많은 게임이 개발되었고, 매년 신작을 발표하며 서버 종료되는 게임들도 실제 계속 존재해왔습니다.

기존의 게임과 달리 블록체인 기반의 메타버스 플랫폼에서는 서비스가 종료되어도 내가 소유한 NFT는 암호화폐 지갑에 계속 존재하기 때문에 호환이 되는 다른 메타버스에서 사용을 할 수 있습니다. 물론 호환성이 전제되어야 하고, 새로운 메타버스에서도 충분한 사용 가치가 있어야겠죠.

'NFT계의 마인크래프트'라고 불리는 샌드박스는 사용자가 아바타를 만들고 땅을 살 수 있으며, 그 위에 NFT가 결합된 건물·아이템·게임 등을 만들 수 있습니다. 사용자들은 샌드박스에서 사용되는 고유 토큰인 '샌드(SAND)'를 구입해서 땅 등 다양한 디지털 자산을 구매할 수도 있습니다.

2021년 샌드박스는 일본의 소프트뱅크 비전펀드가 주도한 1,100억 원 규모의 투자를 유치하는 등 많은 관심을 받고 있습니다. 2022년 정식 버전 출시를 목표로 하는 샌드박스는 현재 전 세계에 200만 명의 가입자를 확보했으며, 랜드의 가격은 판매 초기인 2019년 말과 비교해 2022년 3월 기준으로 약 300배나 증가했습니다.

샌드박스(The Sandbox)

자료: 샌드박스

당시 48달러(한화 약 5만 7,000원)에 거래되던 샌드박스의 땅이 이제는 약 1,700만 원에 팔리고 있는 것이죠. 샌드박스에는 총 166,464개의 랜드가 있고, 이 중 70% 이상이 판매된 상태입니다.

샌드박스 창업자인 세바스티앙 보르제(Sebastien Borget)는 "재테크의 목적으로 샌드박스 랜드에 투자하는 것은 자연스러운 현상이며, 특히 도시에서 부동산을 마련하는 게 어려워져 메타버스 내 부동산을 구매하는 일은 점점 더 자연스러운 일이 될 것"이라고 했습니다. 또한 그는 "샌드박스 랜드의 잠재력에 주목하는 배경은 코로나19로 인한 가상현실에 대한 단순한 열광이 아니라 새로운 콘텐츠에 대한 갈증이며, 샌드박스는 다양한 분야의 IP(intellectual property) 기업과 협력을 맺으며 그 갈증을 해결하고자 한다"고 언급하고 이를 실행하고 있습니다.

샌드박스는 아디다스, 크립토키티, 스눕독, 워킹데드, 뽀로로, 제페토 등

샌드박스(The Sandbox) 파트너 기업

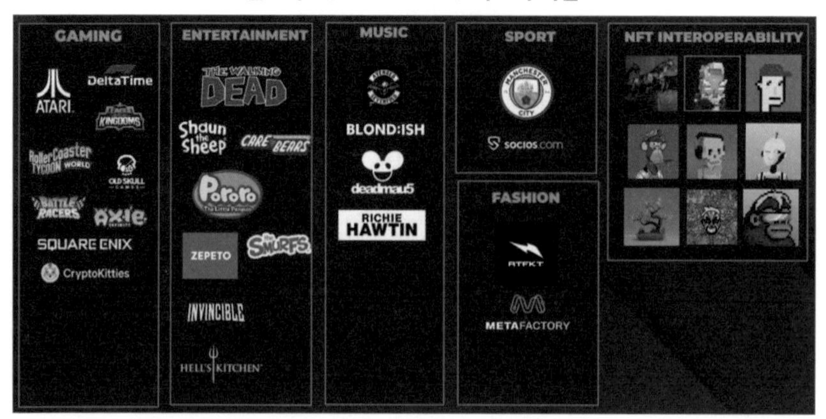

자료: 샌드박스

IP와 협력하고 있는데요, 2022년 2월 기준으로 200곳이 넘는 파트너사를 확보하며 다양한 메타버스 세상을 구축해나가고 있습니다.

미국의 레코드 레이블 그룹인 워너 뮤직 그룹도 샌드박스에서 땅을 구입하고 그 위에 가상 콘서트장과 음악 테마파크를 조성한다고 합니다. 워너 뮤직 그룹은 샌드박스 내 랜드에서 회사의 아티스트들이 콘서트 등 다양한 음악경험을 하게 할 계획입니다. 세계 3대 메이저 레이블로 손꼽히는 워너 뮤직 그룹은 아틀란틱, 워너 레코드, 일렉트라, 팔로폰을 포함한 수백 명의 탑 아티스트와 레이블을 보유하고 있어 다양하고 새로운 무대가 샌드박스에서 펼쳐질 것이라 기대가 됩니다.

워너 뮤직 그룹의 최고 디지털 책임자 오아나 룩산드라는 "우리는 랜드에서 현실 세계의 한계를 뛰어넘는 지속적이고 몰입감 있는 소셜 음악 경

샌드박스(The Sandbox)와 협력하는 워너 뮤직 그룹

자료: 샌드박스

샌드박스(The Sandbox)와 협력하는 구찌

자료: 샌드박스

험을 개발하고, 우리의 소속 아티스트와 팬이 이전과는 전혀 다른 방식으로 교감할 수 있도록 할 것이다"라고 언급했습니다.

이탈리아의 하이엔드 명품브랜드인 구찌도 샌드박스에서 구매한 랜드에 가상 명품 매장을 열어 Z세대를 위한 메타버스 생태계를 꾸려나갈 계획이라고 합니다.

또한 샌드박스는 BAYC(지루한 원숭이들의 요트클럽), 크립토펑크, 사이버콩즈 등 다양한 NFT 프로젝트들과 협업해 호환성을 확보해나가고 있습니다. 아바타, 아트, 웨어러블, 스포츠 등 주요 분야의 NFT 프로젝트가 샌드박스에서 랜드를 구입하고 그 위에서 다양한 활동을 할 수 있도록 지원하고 있습니다.

샌드박스(The Sandbox)와 호환되는 NFT 프로젝트

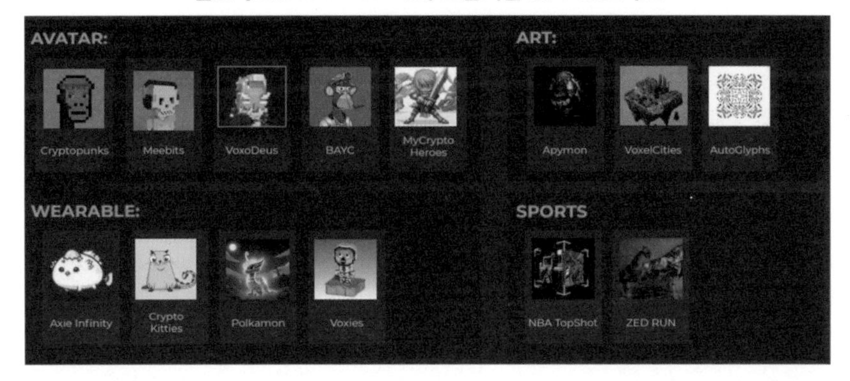

자료: 샌드박스

내가 만약 BAYC, 사이버콩즈, 크립토펑크 등의 NFT를 가지고 있다면 샌드박스에서 아바타로 등장해 새로운 경제, 사회, 문화 활동을 할 수도 있습니다.

유명 래퍼 스눕독은 이미 샌드박스에서 활발하게 활동하며 수익을 창출하고 있습니다. 스눕독 콘서트 티켓이 NFT로 1천 장 발매되어 완판되었고, 이를 통해 10억 원을 벌었습니다. 샌드박스에서 스눕독의 활동이 활발하니 2021년 12월 스눕독이 소유한 랜드 주변이 약 5억 원에 낙찰되는 등 가격

샌드박스(The Sandbox)와 호환되는 NFT 프로젝트

자료: 샌드박스

샌드박스(The Sandbox)에서 활동중인 스눕독

자료: 샌드박스

이 오르고 있다고 합니다.

또한 샌드박스는 스눕독(Snoop Dogg) 아바타 NFT 컬렉션 도기즈(Doggies) 1만 개를 출시했습니다. 각 도기는 고유성을 가지고 있는데요, 1만 개 중 휴먼(Human) 63%, 블루(Blue) 11%, 에일리언(Alien) 10%, 좀비(Zombie) 7%, 도그(Dogg) 5%, 로봇(Robot) 3%, 골든(Golden) 1%로 구성되어 있습니다. 새로운 도기(Doggy) 아바타로 사용자들은 이벤트와 콘서트에 참석하고 게임을 즐기고 친구들과 놀며 메타버스를 탐험할 수 있습니다. 도기 NFT들 중 일부는 샌드박스 내에서 전부 촬영한 스눕독의 뮤직비디오에 등장한다고 합니다.

유명 인사뿐만 아니라, 일반인들도 샌드박스에서 돈을 벌 수 있는데요, 샌드박스 안에 있는 게임 메이커를 통해 게임을 만들 수 있습니다. 게임 메이커 사용은 무료이고, 코딩을 사용하지 않고도 다양한 게임을 제작할 수

스눕독(Snoop Dogg) 아바타 NFT 컬렉션 도기즈(Doggies)

자료: 샌드박스

있습니다.

게임 메이커를 활용해 만든 게임은 NFT 마켓플레이스에 업로드해서 판매가 되면 수익을 창출할 수 있는데요, 사용자는 판매금액의 95%를 수익으로 가져갈 수 있습니다.

샌드박스 게임 메이커의 특징

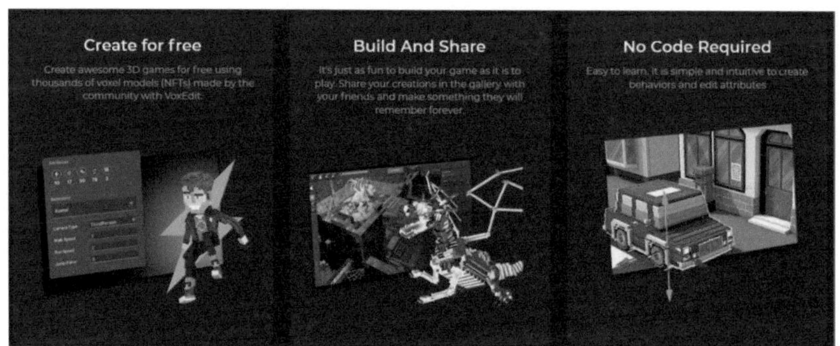

자료: 샌드박스

샌드박스의 마켓플레이스

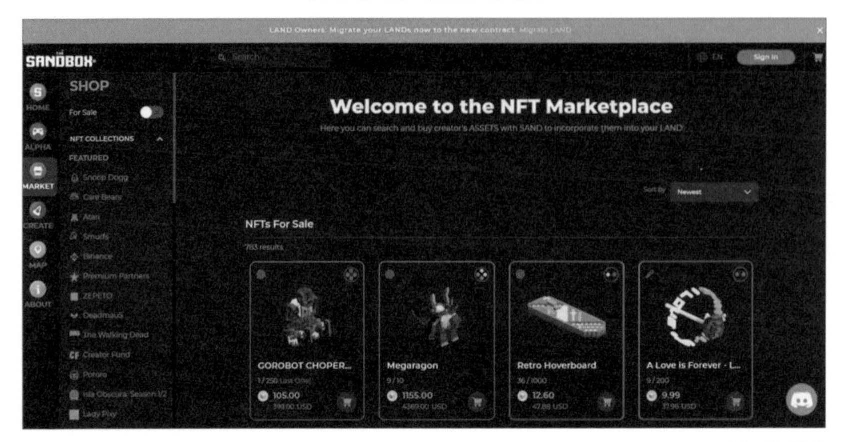

자료: 샌드박스

또한 샌드박스 사용자들은 복스에딧을 활용해 모델링할 수 있는 객체를 만들고 애니메이션 효과를 부여해 NFT로 발행할 수 있습니다.

샌드박스에서 제작된 NFT 자산들은 샌드박스 안에 있는 마켓플레이스를 통해서 거래되지만, 동시에 오픈씨에서도 사고팔 수 있습니다. 판매경로를 다양하게 활용할 수 있는 것이지요. 모두 호환성이 확보되기 때문에 가능한 일입니다.

샌드박스가 제공하는 복스에딧

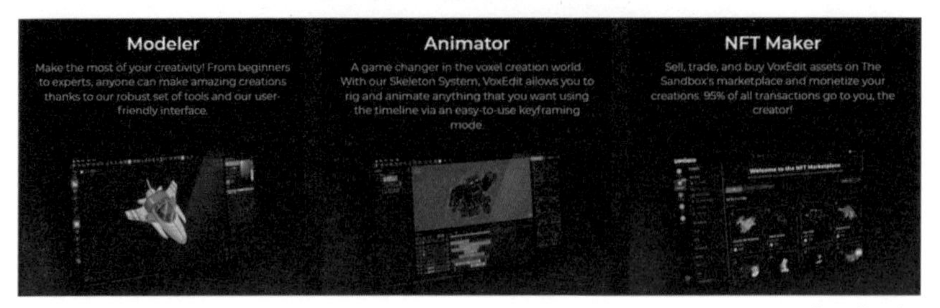

자료: 샌드박스

오픈씨에서 거래되는 샌드박스 NFT 자산

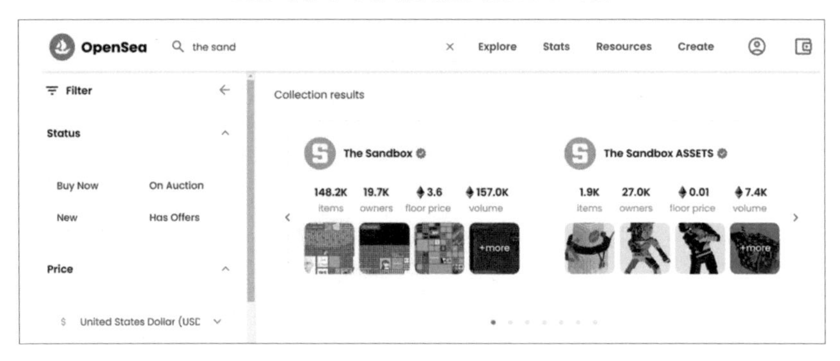

자료: 오픈씨

샌드박스에서는 게임 메이커, 복스에딧을 활용해 디지털 자산을 만들면서 돈을 벌 수 있고, 디지털 건물을 짓는 건축가(Architects), 게임 디자이너(Game Designer), 가상 옷을 만드는 패션 디자이너(Fashion Designer)들이 활동할 수 있습니다.

또한 샌드박스 내 다양한 축제, 공연 등에 활용되는 특수효과 디자이너(VFX/Virtual Shows Designer), 집·인테리어 디자이너(House and Interior Designer)도 존재합니다. 현실처럼 각각의 목적에 맞는 일을 부탁하고 대가를 샌드박스에서 사용되는 가상화폐 샌드(SAND)로 지불하면 되겠죠. 샌드를 받으면 거래소에서 환전해 현실에서 내가 원하는 물건도 사고, 음식도 먹고, 문화생활도 할 수 있습니다.

샌드박스에서 돈을 버는 방법은 현실과 차이가 있으면서도 유사한 점도 있습니다. 만일 여러분이 현실에서 땅을 가지고 있고 그 땅에 건물을 짓고 사업을 계획하고 있다고 생각해보세요. 건축설계를 맡기고, 건물을 짓고, 인테리어 공사도 하실 겁니다. 보통 이 모든 과정에서 우리는 전문가에게 의

샌드박스에서 창조(Creation)를 활용한 직업

구분	메타버스 직업	내용
창조	메타버스 건축가	메타버스 가상건물이나 초목 위치 설정 등 사용자 경험을 위한 풍경과 분위기를 만드는 직업
	메타버스 게임 디자이너	메타버스 게임 로직(logic) 설계, 또는 콘텐츠에 게이미피케이션(Gamification)을 접목하는 직업
	메타버스 패션 디자이너	아바타가 착용하는 의상, 아이템 등 패션 콘텐츠를 제작하는 직업
	VFX / 가상 쇼 디자이너	메타버스 공연, 콘서트를 위한 특수효과를 설계하는 직업
	메타버스 집 디자이너	아바타를 위한 맞춤형 주택, 건물, 맨션, 개인공간 등을 만드는 직업
	메타버스 인테리어 디자이너	메타버스 건물 인테리어, 방 꾸미기, 큐레이션된 소품 추가, 벽면 텍스처링, 맞춤형 물품 제작 등을 담당하는 직업

자료: 샌드박스

뢰를 하고, 견적을 받아 비용을 내면서 추진하게 되겠죠.

샌드박스에서도 게임메이커, 복스에딧을 활용해 이 모든 과정을 혼자서 할 수도 있지만 시간과 비용이 소요되고 완성도가 낮을 수 있습니다. 그러므로 현실처럼 가상에서도 다양한 영역에서 전문적으로 활동하는 크리에이터에게 별도로 의뢰해 가상공간을 설계하고, 가상건물을 지으며, 인테리어를 할 수 있습니다. 이 모든 과정에서 크리에이터들의 역할이 존재하고 메타버스 세계에서 실제 돈을 버는 직업이 될 수 있습니다.

놀이(Play)와 발견(Discovery)을 활용한 직업도 있습니다. 게임을 플레이하며 보상을 받는 직업, 게임 자원 수집(Resource Collector/Farmer), 게임 내 모임을 만들어 관리하는 길드 매니저(Guild Manager), 게임 수행을 돕는 플

샌드박스 내 놀이(Play), 발견(Discovery)을 활용한 직업

구분	메타버스 직업	내용
놀이	메타버스 게이머	메타버스에서 게임을 하고 보상을 받는 게이머
	메타버스 게임 자원 수집 / 육성가	메타버스 게임에서 자원을 잘 수입하거나 아바타를 육성하는 데 도움을 주는 직업
	메타버스 게임 길드 매니저	그룹을 형성해 메타버스 게임을 하고 보상을 받을 수 있도록 관리하는 매니저
	메타버스 게임 코치	메타버스 게임 수행을 지도하고 보상을 받는 직업
발견	메타버스 큐레이터	메타버스 이용자들이 즐길 수 있는 메타버스 콘텐츠를 발굴·검토·선정하는 직업
	메타버스 투어 가이드	메타버스 이용자들에게 특정 메타버스 공간의 주요 내용과 특징, 이용 등을 안내하는 직업
	NFT 안내 가이드	NFT 세상을 안내하고 경험하도록 도와주는 가이드
	랜드 애니메이터(Animator)	소유한 땅에서 재미있고 흥미로운 일들이 일어나도록 새로운 효과를 연출하는 직업

자료: 샌드박스

레이어 코치(Player Coach) 외 샌드박스 내 다양한 공간을 설명하고 안내해주는 큐레이터(Curator), 관광 가이드(Tour Guide) 등 다양한 직업들이 생겨날 수 있습니다.

샌드박스에서는 거래되는 모든 디지털 자산들이 NFT로 발행되어 이를 기반으로 한 상거래가 일어나게 됩니다. 가지고 있는 땅을 팔거나 임대해주는 랜드 오너(Land Owner), 거래를 도와주는 가상부동산(Virtual land real estate agent), NFT를 구매해서 재판매하는 리셀러(NFT Reseller), 가상공연이나 모임에 들어갈 때 사용할 수 있는 NFT 티켓 판매(NFT Ticket reseller),

NFT 거래/상거래를 활용한 직업

구분	메타버스 직업	내용
거래/상거래	랜드 소유 및 거래	메타버스에서 랜드를 소유하고 임대·거래를 통해 돈을 버는 직업
	가상부동산 중개업자	메타버스 랜드 수요자와 공급자를 연결해주고 돈을 버는 직업
	NFT 재판매업자	NFT를 구매하고 재판매를 통해 수익을 창출하는 직업
	NFT 티켓 재판매자	가상 쇼나 콘서트 NFT 입장권을 구매하고 재판매해서 수익을 창출하는 직업
	NFT 컬렉션 크리에이터	NFT 제작과 수익 창출을 지원하는 크리에이터

자료: 샌드박스

샌드박스 내 커뮤니티

자료: 샌드박스

커뮤니티를 활용한 직업

구분	메타버스 직업	내용
커뮤니티	메타버스 코치	몸과 마음의 건강 유지를 위한 요가·음악·치유 코치
	메타버스 전시 기획자	메타버스 전시 등 행사 기획 및 홍보, 인력 채용 등
	메타버스 중매업자	메타버스에서 커플 중매를 진행하는 직업
	메타버스 이벤트 플래너	메타버스에서 다양한 이벤트를 기획하고 홍보하는 직업

자료: 샌드박스

NFT 컬렉션을 제작하는 크리에이터(NFT Collection Creator) 등 다양한 직업이 생겨날 수 있습니다.

또한 샌드박스 내에서는 다양한 커뮤니티가 제공되고 있고, 개인들은 자신이 원하는 커뮤니티를 만들어서 운영할 수도 있습니다.

다양한 분야의 커뮤니티를 만들어 운영하는 코치(Coach), 가상 전시회 기획자(Virtual Fairs Organizer), 커플을 연결해주는 데이트 플래너(Dating Planner), 다양한 이벤트를 기획해주는 이벤트 플래너(Event Planner)들도 등장해 가상세계에서 경제활동을 하고 수익은 현실에서 사용할 수 있게 될 것입니다.

디센트럴랜드에서는 어떻게 돈을 벌 수 있나요?

블록체인 메타버스 플랫폼 디센트럴랜드에서도 NFT 토지판매, 아이템 대여, 게임, 가상 취업 등을 통해 다양한 수익 활동이 가능하며, 자신만의 가상세계를 만들어 역량을 선보일 수 있는 기회가 존재합니다.

디센트럴랜드도 샌드박스처럼 블록체인 기반의 메타버스 플랫폼입니다. 아바타로 디센트럴랜드에서 다양한 가상생활을 하며 경제활동도 할 수 있죠.

디센트럴랜드에서도 다른 메타버스 플랫폼과 같이 사용자들이 디지털 자산을 만들 수 있는 생산도구가 있습니다. 이를 활용해 다양한 디지털 세상과 아이템을 만들고 거래도 할 수 있습니다. 거래를 통해 생긴 디센트럴랜드의 화폐, 마나(MANA)는 거래소에서 환전해서 현실에서 내가 원하는 걸 살 수도 있죠.

디센트럴랜드

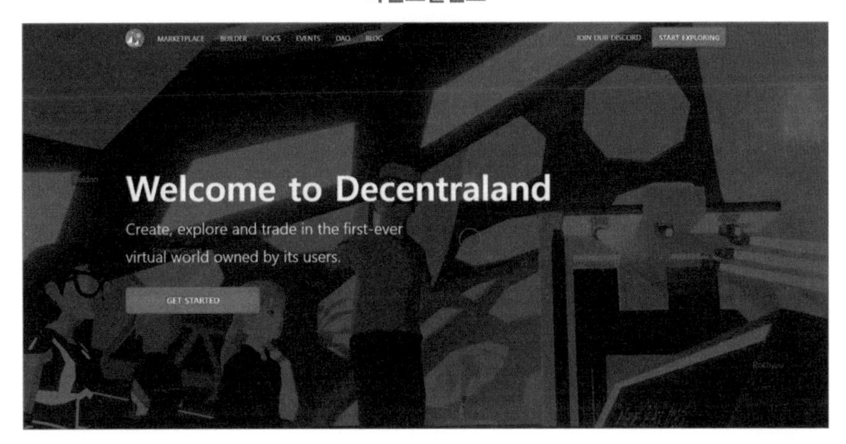

자료: 디센트럴랜드

디센트럴랜드의 디지털 자산 제작 및 거래 플랫폼

자료: 디센트럴랜드

디센트럴랜드 채용공고

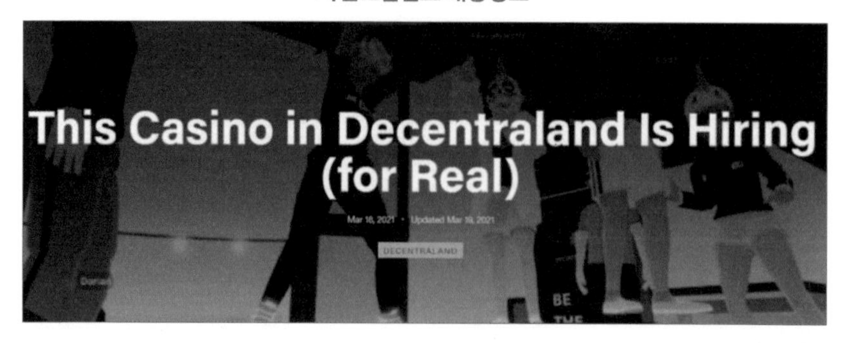

자료: 디센트럴랜드

2021년 상반기에 디센트럴랜드에서 흥미로운 채용공고가 나왔습니다. 디센트럴랜드 안에 있는 가상의 카지노에서 일할 사람을 찾는 공고였는데요. 실제로 채용이 이루어졌고, 채용에 합격한 사람은 가상으로 출근하고 있다고 합니다. 집에서 잠을 자고, 가상으로 출근해서 일하고, 월급받고 그 돈으로 디센트럴랜드에서 쓰기도 하고, 환전해서 현실에서 내가 원하는 걸 사기도 하는 거죠. 가상과 현실의 경계가 사라지고 있습니다.

디센트럴랜드에서 판매하는 땅을 사서 차익거래를 통해 돈을 벌 수도 있습니다. 물론 가상 땅 가격이 하락할 수도 있으니 유의해야 합니다. 디센트럴랜드에서 판매하는 랜드의 거래 수는 계속 늘어나고 있는데요, 그만큼 거래가 활발하다는 뜻입니다.

디센트럴랜드의 랜드 거래 수 증가와 함께 랜드 거래금액도 늘어나고 있는데요, 많은 기업이 랜드를 구매하기 시작하면서 가격이 상승하고 있습니다. 디센트럴랜드는 블록체인 기반의 메타버스이기 때문에 NFT로 발행된 랜드와 아이템 거래 내역이 공개됩니다. 누가 누구에게 언제, 얼마에 판

디센트럴랜드의 랜드 거래 수

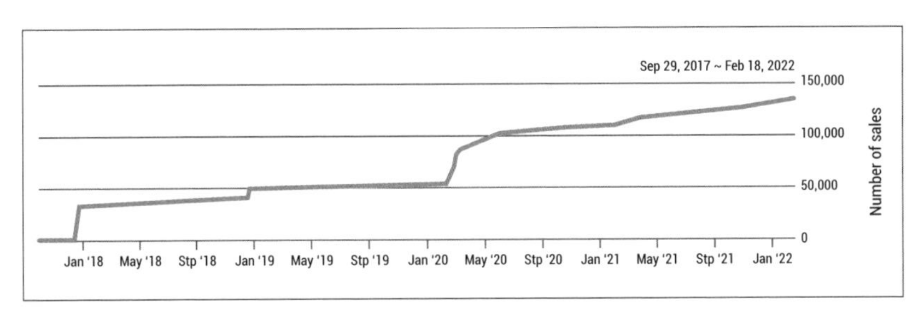

자료: nonfungible.com(2022.02.18. 기준)

매했는지 알 수 있습니다. 물론 판매자와 구매자의 아이디가 공개되는 것이고, 실명이 알려지는 것은 아닙니다.

디센트럴랜드에서 땅을 사고 건물도 지어서 다양한 경제활동을 구상해보실 수 있는데요, 건물을 내가 직접 짓고 그 안에 인테리어도 내가 하고 아이템도 내가 제작할 수 있지만 모든 걸 혼자 하게 되면 힘들겠죠? 마나(MANA)를 사용해서 건물을 잘 짓거나 특정 아이템을 잘 만드는 사람에게 마나를 내고 제작을 의뢰할 수도 있고, 이미 만들어진 건물이나 아이템을

디센트럴랜드의 랜드 거래 금액

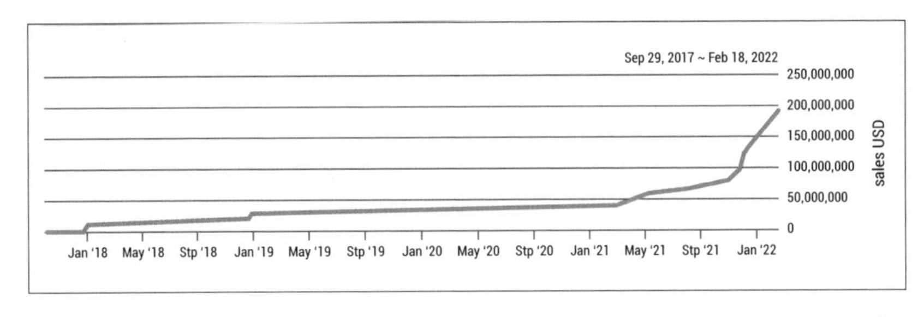

자료: nonfungible.com(2022.02.18. 기준)

디센트럴랜드의 랜드 거래 내역

Token	Asset Id	Image	Seller	Buyer	Price (USD)	Token Price	Sale Date
DCLENS	863271829116303				US$313.00	100 (MANA)	20 mins ago 2022. 2. 18. 오후 3:24:37
DCLENS	306831357680926				US$312.00	100 (MANA)	2 hrs ago 2022. 2. 18. 오후 2:12:59
DCLLNCH	24087				US$27.46	0.01 (ETH)	2 hrs ago 2022. 2. 18. 오후 2:12:16
LAND	136112946768375				US$13,405.92	4.6 (ETH)	2 hrs ago 2022. 2. 18. 오후 1:17:54
LAND	136112946768375				US$13,405.92	4.6 (ETH)	2 hrs ago 2022. 2. 18. 오후 1:16:25
LAND	204169420152563				US$48,264.60	15,420 (MANA)	3 hrs ago 2022. 2. 18. 오후 12:23:08
DCLDPPCRFTMN	122				US$1,163.84	0.4 (ETH)	4 hrs ago 2022. 2. 18. 오후 12:12:28

자료: nonfungible.com(2022.02.18. 기준)

디센트럴랜드의 디지털 자산 제작을 대행해주는 META ZONE

자료: 메타존

구매할 수도 있습니다.

메타존(META ZONE)은 디센트럴랜드에서 사용할 건물 제작 등을 의뢰할 수 있는 곳입니다. 원하는 건물과 모양, 제작 기간 등에 따라 견적이 나오면 의뢰를 해볼 수도 있겠죠.

디센트럴랜드에서는 게임 활동을 통해 마나를 획득하고 환전해서 실제 돈을 벌 수도 있는데요, 디센트럴랜드 안에 아이스포커라는 게임을 하며 돈을 벌 수 있습니다. 포커장에 들어가기 위해서는 지정된 NFT 옷을 착용해야 하고, 입장 후 게임 성적에 따라 보상을 받게 됩니다.

디센트럴랜드의 아이스포커 게임

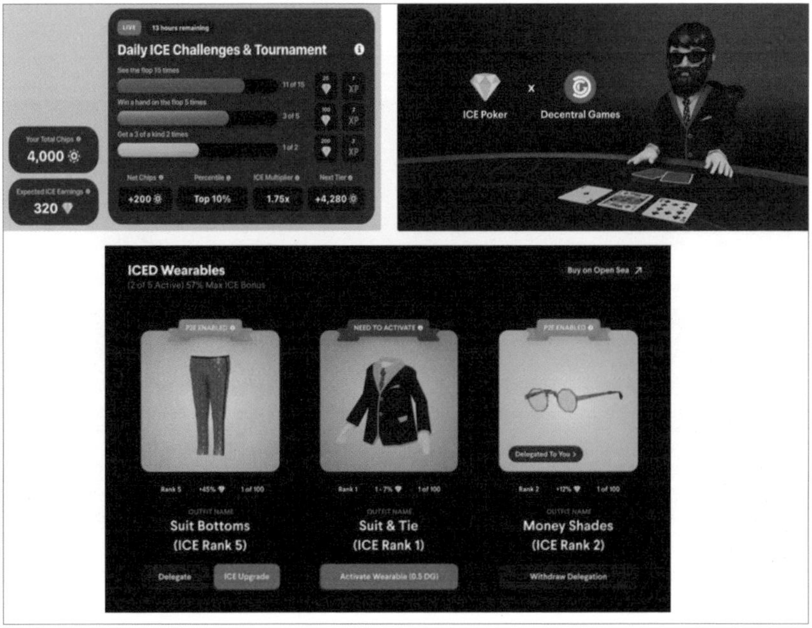

자료: 디센트럴랜드

흥미로운 점은 내가 NFT 옷을 구매한 후에 다른 사람에게 빌려줄 수도 있다는 것입니다. NFT 옷을 빌려 입은 사람은 게임 활동을 통해 마나를 획득할 수 있고, 비율에 따라 NFT 옷을 빌려준 사람과 수익을 배분하게 됩니다. 이처럼 다양한 방식으로 가상세계 활동을 하며 수익을 창출하고 있습니다.

게임으로 마나(MANA)를 벌기 위해서 반드시 NFT 옷이나 아이템을 살 필요는 없습니다. 아이템 없이도 무료로 입장이 가능한 게임도 개최되고 있고, 그곳에서 수익 활동을 할 수 있습니다. 다만 수익금액에는 차이가 있습니다. 디센트럴랜드에서도 게임을 하고 보상을 받는 방식 외에 공연을 개최하거나 커뮤니티를 구성하는 등 다양한 방법으로 수익 창출이 가능합니다.

무료 게임 참여 및 공연 개최를 통한 수익 창출

자료: 디센트럴랜드

디센트럴랜드에서의 NFT 책 판매

자료: 디센트럴랜드

디센트럴랜드에서 NFT 책을 판매한 경우도 있는데요, 『The West Of Fugitive Moon』은 작가 Bradley Fink의 첫 번째 장편 소설입니다. 이 소설은 NFT로 발행되었고, 마켓플레이스에 업로드되었습니다.

작가는 디센트럴랜드 안에 자신의 책을 판매하는 별도의 공간을 만들고 책에 대한 상세설명 자료들도 볼 수 있도록 했습니다. 이제 메타버스 안에서 자신만의 미술관, 공연장, 서점 등을 만들면서 새로운 수익모델을 구상해 볼 수 있을 것 같습니다.

메타버스와 NFT 세계에서 음악으로 돈을 벌 수 있나요?

메타버스에서는 실제 현실과는 다른 방식으로 뮤지션이 되어 볼 수 있습니다. 인공지능과 스튜디오 등 다양한 메타버스 도구를 활용해 곡을 만들고, NFT와 결합해 기존에 없던 새로운 수익모델을 만들어나갈 수 있습니다.

현실에서 뮤지션이 되려면 작사·작곡을 잘하거나, 노래나 춤을 잘해서 대중에게 인정받아야겠죠. 오디션도 봐야 할 겁니다. 하지만 메타버스에서는 현실과 조금 다른 방식으로 뮤지션이 되어 볼 수 있는데요, 메타버스 기업 이모션 웨이브는 사람들이 메타버스에서 뮤지션 될 수 있도록 도움을 주는 플랫폼입니다.

이모션 웨이브는 에임플(AIMPLE)이라는 플랫폼을 통해 인공지능이 작사·작곡을 할 수 있도록 도와주고, 가상인간도 만들어 그 곡을 연주할 수 있도록 지원합니다. 인공지능과 함께 만든 곡과 가상인간은 NFT와 결합될 수 있는데, 누군가 그 곡을 좋아해서 구매한다면 돈을 벌 수 있겠죠. 이모션 웨이브는 가상인간 가수 한울 등을 제작해서 연주회를 개최한 바 있습니다.

메타버스와 음악의 만남, 이모션 웨이브

자료: 이모션 웨이브

메타버스 뮤지션과 공연을 지원하는 에임플(AIMPLE)

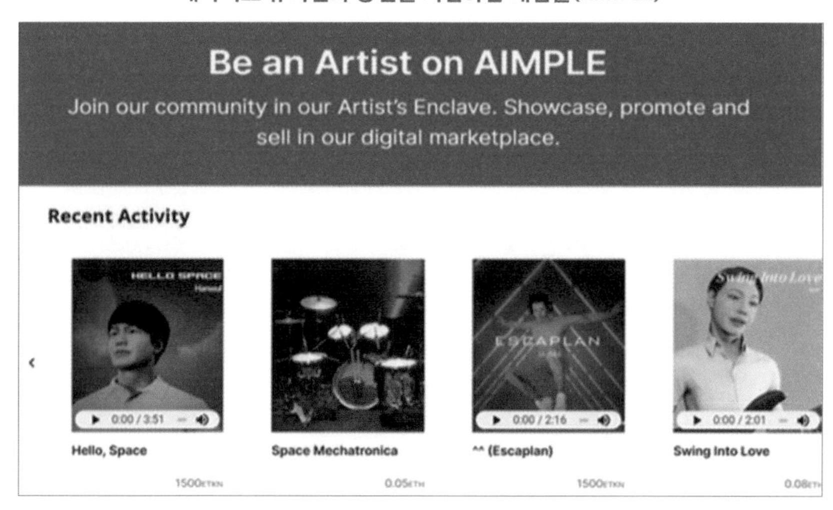

자료: 이모션 웨이브

NFT로 발행되어 거래중인 공연

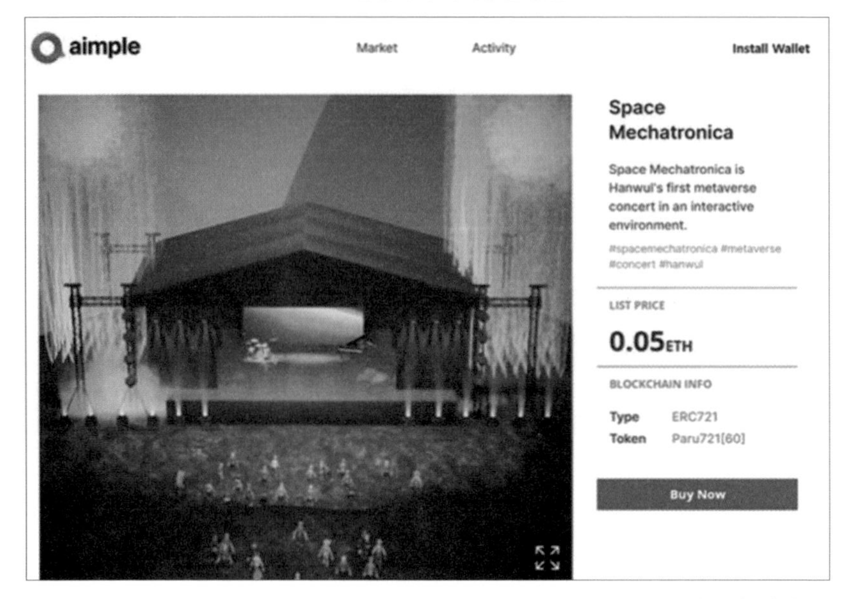

자료: 이모션 웨이브

이모션 웨이브는 메타버스에서의 가상인간, 아바타 공연을 NFT로 제작하고 판매하는 기능을 추가하는 등 새로운 도전을 하고 있습니다. 이제 메타버스에서 현실과 다른 뮤지션이 되어 다른 방법으로 돈을 벌 수 있는 시도들이 늘어날 것 같습니다. NFT로 음악을 만든 메타버스 작곡가는 스마트 계약을 통해 계속 수익을 창출할 수도 있겠네요.

우리는 스트리밍 방식으로 음악을 편하게 듣고 있는데요, 저작권자는 멋진 곡을 만들고 음원이 판매되면 수수료를 받는데 중간에 많은 이해관계자가 존재하기 때문에 이들에게 적정한 수익을 모두 배분하고 나면 정작 저작권자가 가져가는 비중은 상대적으로 낮습니다.

블록체인과 NFT가 주목받으면서 블록체인 기반의 스트리밍 음악 플랫

음원 스트리밍 구조

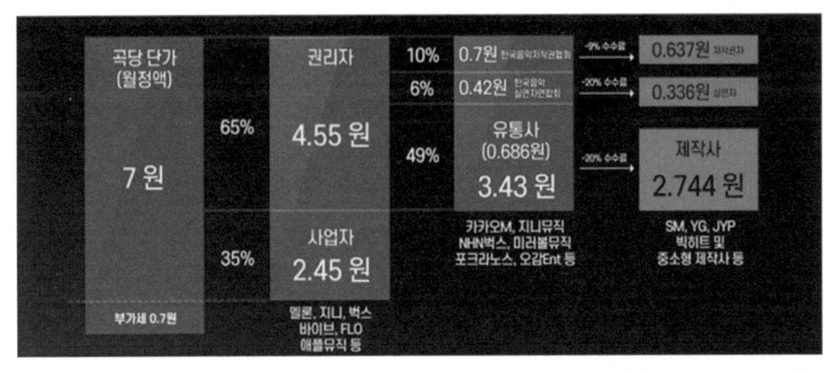

자료: pianocroquis.com/165

폼 오디우스(AUDIUS)가 등장했는데요, 오디우스는 음악 창작자에게 수익이 적절하게 환원되는 것을 목표로 하는 탈중앙형 서비스입니다.

3LAU 등 다양한 뮤지션들이 오디우스에 투자했고, 블록체인 음악 생태

블록체인 음악 플랫폼, 오디우스(AUDIUS)

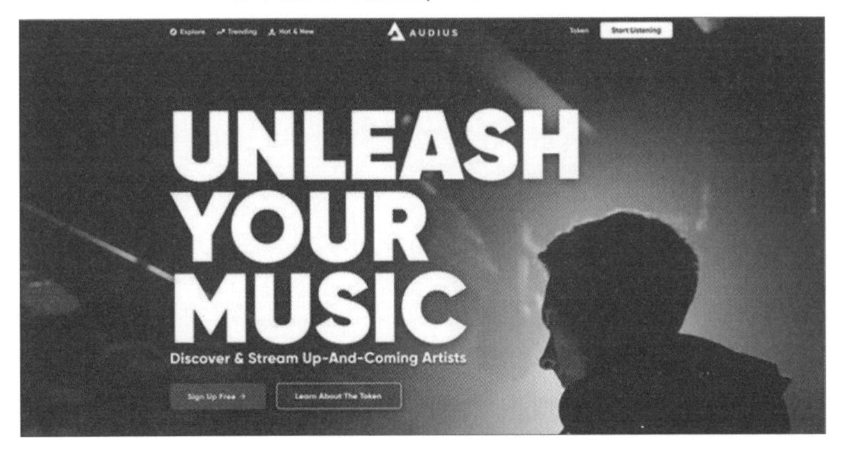

자료: 오디우스(AUDIUS)

오디우스(AUDIUS)와 함께하는 뮤지션들

자료: 오디우스(AUDIUS)

계를 활성화하기 위해 노력하고 있습니다. 블록체인과 NFT를 통해서 팬과 뮤지션이 커뮤니티를 이루며 소통할 수 있고, 무엇보다 기존 음원 스트리밍 구조의 중간에 있던 유통과정이 생략되어 창작자는 상대적으로 높은 수익을 창출할 수 있습니다.

오디우스의 월간 활성 사용자는 70만 명을 넘어서며 계속 증가하고 있는데요, 누구나 음악을 만들고 공유하는 오디우스에서 스스로 만든 곡을 유통하는 것도 흥미로운 시도가 될 것 같습니다.

2021년 12월 메타버스 플랫폼 디파이 랜드(DeFi Land)와 파트너십을 체결해 게임 플랫폼 내 음원 서비스를 제공하고 있습니다. 디파이 랜드에서

디파이 랜드(DeFi Land)

자료: 디파이 랜드

음악 스트리밍 서비스를 제공하는 가상의 FM 라디오 타워를 건설한 것이죠. 이용자는 디파이 랜드에서 게임을 하는 동안 오디우스 라이브러리에 저장된 수백만 곡을 스트리밍할 수 있습니다.

오디우스는 2021년 8월, 틱톡과 제휴해 틱톡 사운드라는 새로운 기능

오디우스와 틱톡의 협력

자료: 틱톡

인공지능 작곡 플랫폼, 포자랩스

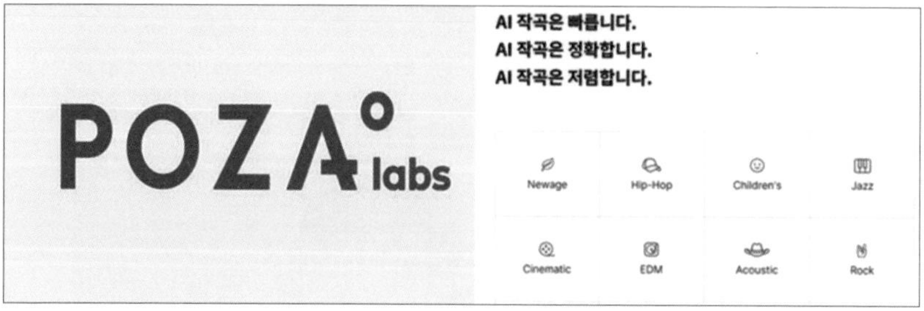

자료: 포자랩스

을 개발했다고 발표했는데요, 한 번의 클릭으로 오디우스에서 제작된 노래를 틱톡(TikTok)으로 보낼 수 있게 되었습니다. 월간 10억 명의 사용자를 보유한 틱톡은 미국 이용자의 75%가 앱을 통해 신인 아티스트를 발굴한다고 보도한 바 있는데요, 오디우스에서 제작된 곡이 전 세계로 빠르게 확산될 수 있는 활로가 생긴 것입니다.

포자랩스는 인공지능 작곡 플랫폼을 만들었습니다. 빠르고 정확하며 저렴하게 디지털로 곡을 만들 수 있게 되었는데요, 포자랩스 CEO는 "메타버스 시대에는 가상 가수도 등장할 것이며, 누구든지 음악을 만들고 자신의 목소리를 입혀 작곡하거나 음악 콘텐츠를 만들 수 있을 것이다"라고 언급했습니다. 기존과 다른 새로운 방식으로 곡을 만들고 유통하는 메타버스 뮤지션들이 많이 생겨날 것으로 전망됩니다.

메타버스와 NFT 세계에서 웹툰·그림으로 돈을 벌 수 있나요?

메타버스 시대에는 새로운 방식으로 웹툰이나 그림을 그리며 자신의 상상력을 펼치고, 그것을 수익모델로 연결시킬 수 있습니다. 인공지능과 메타버스 플랫폼이 지원하는 스튜디오를 활용해 새로운 디지털 창작활동이 가능하고, 이를 가상세계에서 선보이고 판매할 수 있습니다.

인기 있는 웹툰 작가가 되려면 흥미로운 스토리를 구성하고, 밑그림을 잘 그리고, 채색도 잘해야겠죠. 메타버스에서도 웹툰 작가에 도전해볼 수 있습니다. 내가 흥미롭게 구성한 스토리에 맞추어 인공지능이 밑그림을 그려주고 채색도 해주면 어떨까요? 그리고 내가 만든 웹툰이 메타버스 세상에 뛰어다니며 돈도 벌면 어떨까요?

LG는 초거대 인공지능 엑사원(EXAONE)을 공개했는데요, 사람의 언어를 이해하고 그림을 그리거나 영상을 만들 수 있습니다. 엑사원은 'EXpert Ai for every ONE'의 약자로, '인간을 위한 전문가 AI'를 의미합니다. 엑사원은 "호박 모양의 모자를 만들어 줘"라는 말을 듣고 학습된 정보를 기반으로 스스로 판단해 '호박 모양의 모자' 이미지를 만들어내고, 추가적으로 변

엑사원

자료: LG

형을 요청하면 계속 새로운 모습을 보여줍니다. 인간과 협업하며 그림을 그리는 거죠. 음성 대신 텍스트를 입력하면 텍스트에 맞는 다양한 그림을 보여주기도 합니다.

네이버는 인공지능 웹툰 페인터를 발표했는데요, 인공지능이 자동으로 채색해주는 역할을 합니다. 이처럼 로블록스, 제페토 스튜디오처럼 크리에이터의 상상력을 구현하게 해줄 도구가 계속 생겨나고 있습니다. 이러한 도구들은 다양한 분야에서 계속 생겨나고 진화할 것입니다. 인공지능 웹툰 페인터 등 다양한 도구를 활용하면 이전보다 훨씬 낮은 비용으로 빠르게, 다양하고 재미있는 웹툰을 만들 수 있겠죠.

만약 여러분이 생각해낸 재미있는 웹툰 아이디어를 인공지능 등 다양한 도구를 활용해 웹툰으로 만들었다면, 이제 그 웹툰 IP는 제페토를 뛰어다니며 나를 대변하고 돈도 벌 수 있을 것 같습니다. 네이버 웹툰은 제페토와의

네이버의 인공지능 웹툰 채색 플랫폼 사용 전과 후

자료: 네이버

협력을 발표했고, 이제 다양한 웹툰 IP들은 메타버스 세상에 등장해 여러 가지 사회·경제·문화 활동을 할 테니까요.

멋진 웹툰 IP는 메타버스에서 뛰어다니며 NFT로도 발행되어 새로운 수익원이 될 것입니다. 세계적으로 인기를 끌었던 '나 혼자만 레벨업'은 웹툰의 마지막 엔딩 장면이 NFT로 발행되었는데, 1분 만에 완판되었습니다.

공개된 NFT는 총 2가지 종류인데, 마지막 장면을 담은 메인작 NFT 100개와 최강자로 거듭난 주인공의 모습을 담은 서브작 NFT 200개가 발행되었습니다.

네이버 웹툰과 제페토의 협력

WEBTOON X METAVERSE

7,200만명	월 이용자 수	1,200만명
10 ~ 20대 70%	MZ세대 비중	10대 80%
50% 이상	해외 이용자 비중	90%

자료: 네이버 웹툰

'나 혼자만 레벨업' NFT 발행

자료: 카카오 엔터테인먼트

디센트럴랜드 NFT 갤러리

자료: 디센트럴랜드

샌드박스 NFT 갤러리

자료: 샌드박스

디센트럴랜드에 위치한 소더비 경매장

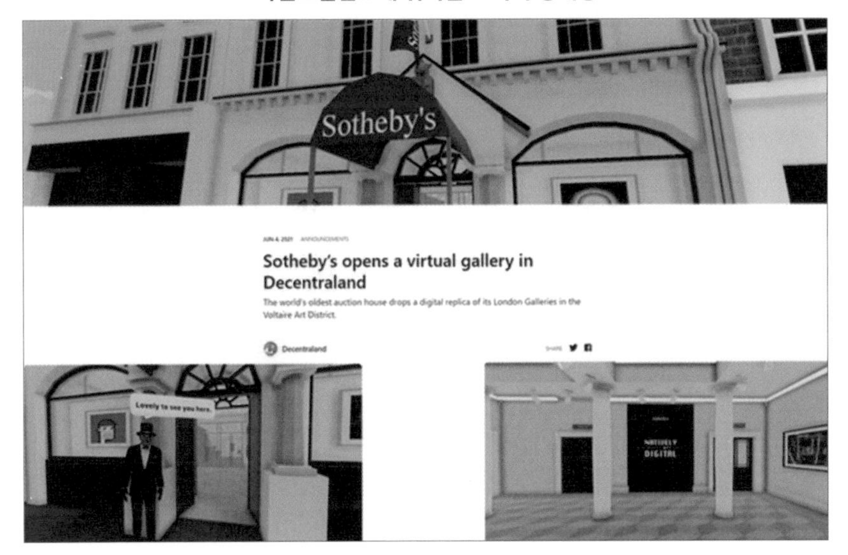

자료: 디센트럴랜드

어도비의 NFT 자격증명

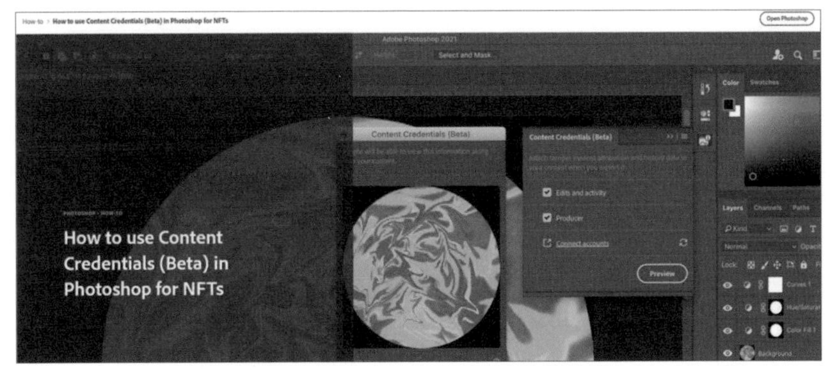

자료: 어도비

메인작과 서브작 각각 500 클레이(KLAY) 코인과 100 클레이 코인으로 판매되었고, 실제 구매한 NFT를 원하는 가격에 자유롭게 거래할 수 있는 클립 드롭스 마켓에서 이 NFT는 프리미엄이 붙은 가격에 거래되고 있습니다.

다양한 도구를 활용해 제작된 디지털 그림은 메타버스 세상에서 전시되며 판매될 수도 있습니다. 2021년 4월, 독일의 쾨닉 갤러리는 디센트럴랜드(Decentraland) 내에서 메타버스 갤러리를 운영중입니다. 내가 스스로 디센트럴랜드에서 갤러리를 만들고 전시하며 초대를 하는 것도 가능하겠죠.

샌드박스에도 NFT 갤러리가 있으며, 디센트럴랜드와 마찬가지로 샌드박스에서도 나만의 갤러리를 만들고 운영하며 NFT 그림을 제작하고 판매할 수 있습니다. 새로운 시도를 해볼 수 있는 기회가 많아지고 있습니다.

디센트럴랜드 안에는 오프라인에 있던 소더비 경매장도 만들어졌습니다. 소더비는 런던 갤러리를 디센트럴랜드에 만들었습니다. 예술가, 구매자, 일반 갤러리들은 디센트럴랜드를 통해 자유롭게 전시장을 이용할 수 있습니다.

NFT와 메타버스가 주목받으면서 디지털 그림과 웹툰 등 다양한 분야의 크리에이터들이 좀 더 투명한 환경에서 디지털 자산을 만들 수 있도록 하는 방안이 논의되고 있습니다.

어도비가 포토샵에 NFT 자격증명 기능을 추가했는데요, NFT를 만든 사람임을 증명할 수 있도록 포토샵에 옵션이 추가된 것입니다. 창작자가 암호화폐 지갑 주소 및 SNS 계정정보를 콘텐츠 자격증명에 연결해두면 구매자가 NFT 판매자 정보를 대조해 작품의 진위를 판별할 수 있습니다.

가상인간은 왜 주목을 받으며, 어떻게 활용되고 있나요?

인공지능, 메타버스 기술의 발전으로 가상인간이 다양한 산업에서 활약하는 시대가 열리고 있습니다. 가상인간은 전 산업에서 생산성을 높이고 교육효과를 제고하며 공공분야에서도 역할을 하는 등 다양하게 활동하고 있습니다.

1998년 처음 국내에 등장했던 가상인간 가수 '아담'처럼 초기 가상인간은 주로 TV, 영화 등 단방향적인 매체에서 활동했으나, 현재는 양방향 소통이 가능한 온라인 미디어 활용, 대화형 인공지능 접목 등을 통해 상호작용이 가능한 인플루언서 마케팅, 고객 응대 등 다양한 분야로 활동 범위가 확대되고 있습니다.

인플루언서는 영향력 있는 개인으로, 특히 SNS에서 자신의 일상을 공유하고 소통하는 등 큰 영향력을 행사하며 새로운 셀럽으로 부상하고 있는데요, 상품 또는 서비스에 대한 이들의 의견이 팔로워의 구매 결정에 관여합니다. 가상인간은 인플루언서 마케팅에 적용되는데, 인스타그램, 유튜브 등 온라인 미디어에서 가상 인플루언서로 활동하고 있습니다. 실제 사람처럼 친구들과 어울리는 모습이나 여행, 패션 등 다양한 활동 모습을 연출하고 댓글 등을 통해 대중들과 소통하면서 실제 같은 느낌을 전달할 수 있는데요, 대중적인 인지도가 올라가면서 광고 모델로도 활동하고 있으며 동적인 연출과 목소리 추가 등을 통해 가수, 드라마 출연 등으로 활동 영역이 확대될 전망입니다.

가상인간은 브랜드 콘셉트에 맞춰서 통제할 수 있고, 시공간의 제약 없이 활용이 가능하다는 장점이 있습니다. 수만에서 수백만 명의 팔로워를 가지고 있는 가상인간을 활용한 홍보 효과는 기대 이상인데요, 실제로 가상인간의 SNS 게시물은 진짜 인간보다 평균 3배 더 많은 호응을 받고 있습니다.

가상인간의 주요 팬층은 MZ세대들인데요, AI 기반 인플루언서 마케팅 분석회사 하이프오디터에 따르면 가상 인플루언서 팔로워 중 73%의 연령대가 18~34세라고 합니다. MZ세대가 가상인간을 거리낌 없이 받아들일 수 있는 이유는 가상세계가 익숙하기 때문이라고 합니다. MZ세대는 어렸을 때부터 애니메이션, 가상현실에 익숙해져 있어 가상인간을 이질적인 존재가 아닌 당연하고 자연스러운 존재로 받아들이고 있습니다.

마케팅 분석업체 인플루언서 마케팅 허브는 2021년 가상 인플루언서 순위를 1~15위까지 공개했는데요, 1위에는 전 세계에서 가장 많은 인스타그램 팔로워 수를 보유한 브라질의 루 두 마갈루(Lu du Magalu)가 선정되었습니다. 루 두 마갈루는 브라질 최대 유통기업 '매거진 루이자(Magazine Luiza)'가 제품 홍보 및 마케팅 용도로 만든 가상인간입니다. '루(Lu)'가 이름이고 '마갈루(Magalu)'는 '매거진 루이자(Magazine Luiza)'의 합성어인데요, 루 두 마갈루의 페이스북 친구는 1,461만 명, 인스타그램 팔로워는 576만 명에 달합니다.

루 두 마갈루(Lu du Magalu)

자료: 매거진 루이자

SNS 게시물당 수입은 원화 기준 약 1,200~2,000만 원이나 됩니다. 루 두 마갈루는 2003년 캐릭터로 세상에 탄생했으며 2007년부터 유튜브에서 활동을 시작했고, 브라질 최초 가상 인플루언서로 전 세계 기준 1세대 인플루언서로 분류되고 있습니다.

루 두 마갈루는 매거진 루이자의 다양한 제품 홍보에 활용되었는데, 주로 가전·전자 제품 판매로 알려진 매거진 루이자에서 제품 사용 후기부터 제품의 기술적인 부분을 설명하는 영상으로 소비자들과 소통했습니다. 2019년 매거진 루이자는 '루 두 마갈루 효과'로 5억 5,200만 달러(약 6,500억 원)의 매출을 올렸던 것으로 알려져 있습니다.

브라질계 미국인으로 설정된 가상인간 릴 미켈라는 미국 인공지능 스타트업 브러드(Brud)가 2016년 제작한 이후 왕성하게 활동하고 있습니다. 미켈라는 프라다, 디올 등 명품 브랜드 모델로 활동했고 실제 인간과 협업해 싱글 앨범과 뮤직비디오도 발표했는데요, 2017년 싱글앨범 'Not Mine'을 발표했으며 스포티파이 음원차트 8위를 달성하기도 했습니다. 릴 미켈라의 인스타그램 팔로워 수는 약 311만 명이며, 팔로워 중에는 WWD, 데이즈드(dazed), 하이스노비어티(highsnobiety) 등 패션 관련 유명 매거진과 브랜드들이 즐비하며 게시물은 1,100개를 넘긴 상태입니다.

릴 미켈라는 실제 인간형의 외모와 더불어 애정, 동정, 비통함 등 복잡한 인간의 감정을 드러내는데요, 인스타그램 프로필에 자신을 로봇으로 소개하면서도 많은 게시물에 아이 메이크업이 번지도록 눈물을 흘리는 사진을 다수 올리고 있으며, "몇 달 만에 처음으로 마음이 홀가분하다" 등과 같은 감정의 표현을 드러내기도 합니다. 릴 미켈라의 게시물당 수익은 6,033~1만 55달러(약 733만~1,221만 원)에 달하며, 2019년 릴 미켈라는 약 1,170만 달러(약 140억 원)의 수익을 창출했습니다.

릴 미켈라(Lil Miquela)

자료: GIVENCHY

릴 미켈라 NFT

자료: 슈퍼레어(SuperRare)

릴 미켈라는 NFT 마켓플레이스 슈퍼레어(SuperRare)에서 NFT로 제작되어 거래가 되기도 했는데요, 이처럼 가상인간이 다양하게 활약하며 새로운 부가가치를 만들고 있습니다.

슈두는 포토그래퍼 카메론 제임스 윌슨(Cameron-James Wilson)에 의해 2017년에 만들어졌습니다. 아프리카 출신의 흑인 모델로서 발망(Balmain)의 캠페인에 발탁되어 크게 주목받았는데요, 윌슨은 "패션 사진작가로 활동하면서 어느 순간 실제 인간 모델 사진을 찍는 데 매력을 느끼지 못했다. 새로운 영역에 도전하고 싶은 열망이 있었고, 잠시 일을 쉬는 동안 3D 기술에 대해 알게 되었다. 10년간 커리어를 쌓아온 사진작가로서 지니고 있던 배경지식과 과학, 게임, 패션에 대한 개인적인 관심을 잘 활용할 기회라고 생각했다. 2016년 말 슈두 개발을 시작했다. 당시 슈두 외모는 남아프리카 공주를 형상화한 바비 인형에서 영감을 얻었다"라고 언급했습니다.

2017년 4월 큰 키에 군살 없는 몸매, 광채 나는 피부, 그리고 빛나는 눈을 가진 흑인 모델 슈두가 소셜미디어(SNS)에 등장했고, 미국 팝가수 리한나가 만든 화장품 브랜드 '펜티 뷰티(Fenty Beauty)'의 립스틱을 바른 모습과 함께 가상인간이라는 사실이 대중에게 알려지게 되었습니다. 슈두는 '랑방', '살바토레 페라가모' 등 다양한 명품 브랜드와 협업했고, 2020년에는 삼성전자 '갤럭시 Z 플립'모델로 활약했습니다. 또한 2021년 메타버스 플랫폼 '제페토'에서 진행한 '크리스티앙 루부탱' 패션쇼에서 모델로 등장해 많은 사람들의 주목을 받았습니다.

슈두가 인기를 얻자 카메론 제임스 윌슨(Cameron-James Wilson)은 2018년 세계 최초 디지털 슈퍼모델 에이전시인 '더 디지털스'를 설립했습니다. 더 디지털스는 슈두를 포함해, 백인 여성 가상모델 '다그니(Dagny)', 흑인 남성 가상모델 '코피(Koffi)' 등 6명의 가상모델을 제작하고 관리하고 있습니다. 가상모델 중에는 '준영(J-Yung)'이라는 한국인 남성 가상모델도 존재합니다. 슈두는 Daz 3D와 협력해 NFT로 발행되었는데요, 가상인간이 NFT로 거래되는 흥미로운 일들이 생겨나고 있습니다.

슈두는 2021년 초 한국 최초의 가상 인플루언서 '로지'와 함께 '오버 더

슈두의 크리스티앙 루부탱 제페토 패션쇼

출처: 제페토

슈두의 NFT

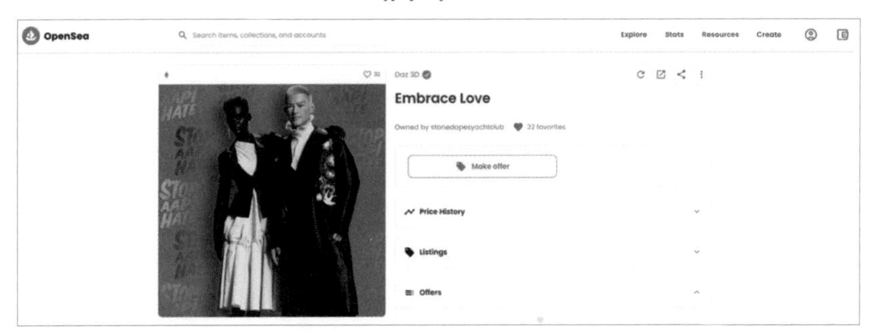

자료: 오픈씨

리미트(Over the Limit)'라는 공동화보 프로젝트를 추진하기도 했습니다.

로지는 MZ세대가 선호하는 얼굴형을 모아 탄생한 가상 인플루언서로 2020년 12월 싸이더스 스튜디오 엑스가 공개한 국내 최초의 가상 인플루언서입니다. '오로지'에서 따온 한글 이름을 붙인 캐릭터이며, 가상 인물이지만 실제 모델처럼 매니지먼트 계약을 맺고 활동하고 있습니다. 2021년 동안 인스타그램 팔로워 수는 11만 명에 달하며, 15억 원 정도의 광고 수주를 따냈습니다.

2021년 11월 패션기업 LF의 영캐주얼 브랜드 '질바이질스튜어트'의 '레니백'은 지난 2021년 9월 로지와 함께한 1차 화보를 공개한 이후 출시 초반보다 3배 가까이 빠른 속도로 재고가 소진되었습니다. 이후 LF는 한 달 동안 두 차례 재생산을 했으며, 3차 재주문 물량도 판매되는 등 인기를 얻었습니다.

패션 애플리케이션 'W컨셉'은 로지를 앰버서더로 발탁하고 마케팅을 진행했는데요, 개성과 표현이 중요한 패션 플랫폼 시장에서 현실적 제약으로부터 자유롭고 본인만의 개성을 잘 표현할 수 있어 로지가 앰버서더로 적

슈두와 로지의 공동화보 프로젝트

자료: 싸이더스 스튜디오 엑스

합하다고 판단했다는 것이 W컨셉 측 설명입니다.

로지가 출연한 유튜브 광고 영상 조회 수도 급증했는데, 로지가 출연한 신한 라이프의 ESG(환경·사회·지배구조) 메시지를 담은 뮤직비디오는 유튜브 공개 3주 만에 1천만 뷰를 돌파했습니다. 로지가 성별이나 연령, 국적을 초월하는 다양한 댄서들과 함께 지하철 등 일상 장소는 물론이고 메타버스까지 연결해 활동하는 모습이 담겨 있습니다.

GS25는 2021년 12월 25일 오전 10시부터 자정까지 인기 상품을 50% 할인하는 '오로지 GS25 데이' 행사를 개최했는데요, '오로지 GS25 데이'란 로지(Rozy)가 광고 모델로 활약함과 동시에 오직 GS25에서만 만나볼 수 있는 파격 행사였습니다. 행사에서는 2021년 가장 많이 팔린 12가지 상품을 50%에 구매할 수 있는 할인 쿠폰을 QR코드로 18만 개 발급했으며, 나만의 냉장고 애플리케이션이나 GS25 공식 인스타그램 계정에서 할인 쿠폰을 확

로지의 LF광고

자료: LF

인하고 사용할 수 있도록 했습니다. GS25는 디지털 휴먼 로지와 전속 모델 계약을 체결했으며, GS25는 향후 정기적으로 '오로지 GS25 데이' 행사를 개최할 계획이라고 합니다.

이처럼 디지털 휴먼이 주목을 받자 많은 기업들이 디지털 휴먼 제작과 활용에 주목하고 있습니다. 롯데홈쇼핑은 가상인간 '루시'를 발표했는데, 루시는 다른 디지털 휴먼처럼 실제 촬영한 이미지에 가상의 얼굴을 합성하는 방식으로 만들어졌습니다. 움직임과 음성을 고도화하는 작업을 거친 루시는 신입 쇼호스트로 데뷔했는데요, 루시는 롯데홈쇼핑 대표 쇼핑행사인 '대한민국 광클절'의 홍보 모델로 선정되어 출연했으며, 홍보 영상은 220만 조회 수를 기록하기도 했습니다.

스마일게이트는 자이언트스텝과 협력해 자사의 가상현실 게임 '포커스 온유'의 여주인공 '한유아'를 가상인간으로 제작했습니다. 한유아는 가상

아티스트로, 사교적이고 호기심 많은 성격의 소유자로 설정되어 있는데요, 한유아는 패션잡지 'Y매거진' 화보 모델로 데뷔했습니다. 이 화보의 콘셉트는 '지구와 꽃피운 첫 교감'으로, 화면 속에서만 존재하다가 이제 막 밖으로 나온 디지털 휴먼 한유아가 세상과 처음으로 교감하는 모습이 담겨 있습니다. 스마일게이트는 향후 음원 발매를 시작으로 한유아의 가수 데뷔도 준비 중입니다.

가상인간은 온·오프라인 매장에서 고객 응대를 위한 가상 직원으로 활용되고 있습니다. 무인 유통점, 무인 은행 점포 증가에 따라 고객 유인 및 24시간 고객 응대가 가능한 디지털 휴먼 도입이 늘어나고 있는데요, 2021년 8월 세븐일레븐은 사옥 내 무인 자동화 편의점에 디지털 휴먼 점원을 시범 도입했습니다. 2021년 9월 신한은행은 무인형 점포에 출금·이체 등 서비스를 지원하는 디지털 행원을 배치했고, 디지털 직원은 제품 지식과

스마일게이트의 디지털 휴먼, 한유아

출처: 스마일게이트

신한은행 가상 행원

출처: 신한은행

고객 데이터 학습을 통해 응대 서비스 확장이 가능합니다.

2020년 10월 싱가포르 통신사 Singtel이 무인 5G 팝업 스토어 키오스크에 탑재한 디지털 휴먼 'Stella'는 제품에 대한 지식을 바탕으로 이용자 요금제 탐색과 기기 구매를 지원하고 있습니다.

음성 위주의 인공지능 비서 서비스가 가상인간의 서비스로 진화하고 있습니다. 여행 예약, 식당 예약, 개인 약속, 은행 거래 처리 등 다양한 개인 서비스 제공 및 고객과의 상호작용을 통해 고객 만족도 향상을 기대해볼 수 있는데요, 2021년 11월, 엔비디아는 다양한 산업 분야에 쉽게 맞춤화할 수 있는 인공지능 비서 생성 플랫폼, NVIDIA Omniverse Avatar를 출시했습니다. 또한 2020년 7월, 유니큐(UneeQ)는 디지털 휴먼 제작과 Google 등 대화 엔진 플랫폼 연동, 감정표현 추가가 가능한 'UneeQ Creator'를 공개했습니다. 이스트소프트(Estsoft)는 텍스트를 목소리로 생성할 수 있는 AI가 접목된 디지털 휴먼을 제작하고 발표했습니다.

가상인간은 방송 분야에서도 활약하고 있습니다. 실존 앵커의 방송 영상을 학습하고 목소리를 생성하는 AI를 활용해 가상 앵커를 만들고 있습니다. 스튜디오, 고가의 방송장비, 전문인력 없이도 편리하게 뉴스 영상을 제작할 수 있게 된 것입니다. MBN은 실제 앵커를 학습한 디지털 휴먼으로 1~2분 이내로 구성되는 뉴스를 편성했습니다.

교육 및 상담 분야에서도 디지털 휴먼이 활약하고 있는데요, 온라인 교육 프로그램과 접목해 가상 교사로 활용되고 있습니다. 질의응답 기능을 통

싱가포르 텔레콤의 스텔라(Stella)

출처: 싱가포르 텔레콤

디지털 휴먼 교사

출처: Soul machines

해 이용자와 상호작용이 가능하고, 프라이버시가 중요한 상담 프로그램 등에 유용합니다.

뉴질랜드 에너지기업 Vector는 2018년부터 초등학생 대상 에너지 교육 프로그램에 디지털 휴먼 'Will'을 활용했습니다. 2020년 12월 7월, 정신건강 플랫폼인 Mentamia는 유명 운동선수를 캡처한 디지털 휴먼, 'Digital John Kirwan'을 수면 개선 및 정신건강 코치로 도입해 활용했습니다.

히부르대학교(Hebrew University)는 천재 물리학자 알베르트 아인슈타인(Albert Einstein)의 실제 목소리 녹음 오디오에 인공지능 음성 복제 기술을 더해 디지털 아인슈타인을 제작했는데요, 사용자는 아인슈타인과 퀴즈를 통해 다양한 주제에 관해 이야기를 나눌 수 있고, 아인슈타인의 연구에 관해 이야기를 나눌 수도 있습니다. '지구가 평평한가요?'와 같은 가벼운 질문부터 '신종 코로나바이러스 감염증(COVID-19) 백신에 대한 견해'와 같은 무게감 있는 주제까지 다양한 질문을 하고 답변을 들을 수 있습니다.

디지털 아인슈타인

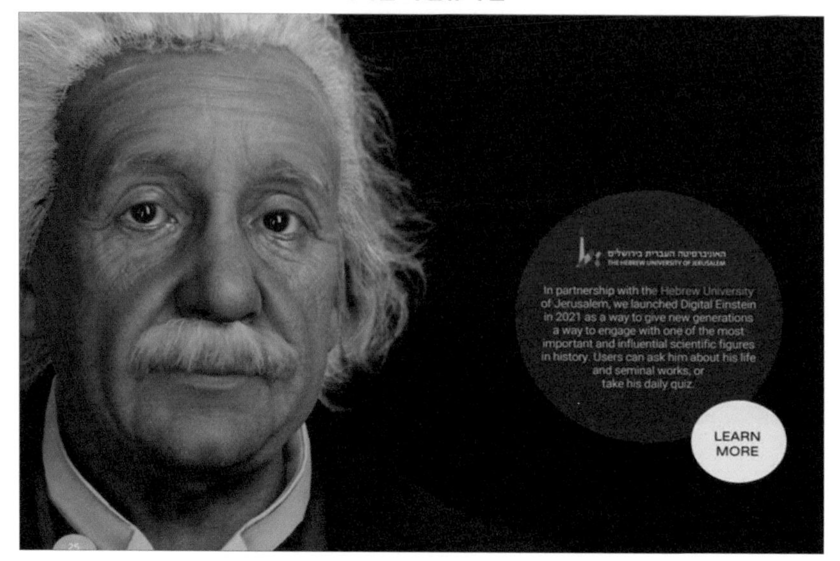

출처: 유니큐

디지털 아인슈타인은 오랫동안 죽음 속에 머물렀던 유명 인사들을 대화형 '인생'으로 끌어들이는 데 있어서 교육적 잠재력을 보여주고 있습니다.

디지털 휴먼은 공공 분야에서도 활용되고 있는데요, 2020년 7월, WHO는 디지털 휴먼 'Florence'를 흡연자 대상 금연 상담에 활용하고 있습니다. 또한 2021년 2월, 뉴질랜드 웰링턴 본부는 최초의 디지털 휴먼 경찰 '엘라(Ella)'를 발표했는데요, 엘라는 Electronic Lifelike Assistant의 약자이며 경찰서의 대기열을 줄이려는 목적으로 뉴질랜드 경찰이 설계한 2개의 새로운 디지털 키오스크의 일부입니다.

본사 로비에 엘라를 설치해 경찰 직원들을 보조하고 방문객들과 대화를 나누며, 이를 통해 대중에게 긴급하지 않은 일반적인 서비스를 24시간 쉬

디지털 휴먼 경찰, 엘라(Ella)

출처: 뉴질랜드 경찰청

지 않고 제공하는 것을 시험중입니다. 뉴질랜드 경찰은 엘라의 도입이 대중과 소통하는 새로운 방법이 되기를 희망하고 있으며, 향후 가상인간 도입을 확대할 계획이라고 합니다.

가상유튜버*도 활약하고 있습니다. 가상유튜버가 슈퍼챗 순위를 석권하고 있는데요, 슈퍼챗은 영상 조회 수에 따른 광고 수익과는 별개로 시청자와 라이브로 소통중에 시청자가 직접 소정의 금액을 유튜버에게 결제해줌으로써 유튜버를 후원하는 기능을 말합니다.

2021년 유튜브에서 슈퍼챗을 가장 많이 받은 채널은 일본에서 인기를 끌고 있는 '버추얼 유튜버(Virtual Youtuber)'입니다. 유튜브 분석 전문업체인 플레이보

> **가상유튜버**
>
> 버추얼 유튜버라고 불리며, 실제 사람이 아닌 가상의 캐릭터가 스트리머가 되어 게임, 문화 등 다양한 주제로 인터넷 방송을 진행하는 새로운 방식의 콘텐츠

드에 따르면 2021년 세계 슈퍼챗 상위 10개 채널 가운데 9개 채널이 버튜버라고 합니다. 1위 '루시아(Rushia)' 채널은 2021년 약 20억 원의 슈퍼챗 수익을 올렸습니다. 2위인 '코코(Coco)' 채널은 17억 9,300만원, 3위 '라미(Lamy)' 채널은 11억 9,500만 원입니다.

METAVERSE

메타버스와 NFT 투자에 있어서 숲과 나무를 함께 보는 시각이 필요합니다. 생태계 전체를 이해한 뒤 관련 기업이 어떠한 역할을 하며 어떤 가치를 만드는지 분석하고, 규제 이슈가 있는지도 검토할 필요가 있습니다. 또한 메타버스 생태계 전체에 투자하고 싶을 때 메타버스 ETF를 활용하면 다양한 메타버스 기업에 분산투자하는 효과를 낼 수 있습니다. 엔비디아, 메타, MS 등 다양한 글로벌 기업들이 메타버스 변신을 통해 새로운 미래를 열어가고 있으며, 그 안에 새로운 투자의 기회가 있습니다.

5장

메타버스와 NFT 기업전략과 투자

메타버스와 NFT 투자, 어떻게 해야 하나요?

메타버스와 NFT 투자에 있어서 숲과 나무를 함께 보시는 게 중요합니다. 생태계 전체를 이해한 뒤 어떤 기업이 어떠한 역할을 하며 어떠한 가치를 만드는지 분석하고, 관련한 규제 이슈가 있는지도 파악하실 필요가 있습니다.

메타버스와 NFT 투자를 위해서는 먼저 생태계에 대한 이해가 필요합니다. 생태계가 어떻게 구성되어 있고 생태계 내에서 기업들은 어떠한 역할을 하며 고객은 누구인지 명확하게 알 필요가 있습니다. 동시에 개별 기업들의 현재 사업구조와 역량, 미래가치와 위험 등을 고려해보며 투자 대상을 선별해야겠죠.

생태계를 세부적으로 보면 매우 복잡하지만, 크게 보면 결국 메타버스는 HW와 SW의 결합으로 만들어지게 됩니다. 메타버스 경험을 지원하는 다양한 HW들이 존재하고 있고, 앞으로 계속 진화하며 새로운 형태도 등장하게 될 것입니다. 과거에 주로 PC와 휴대폰으로 메타버스를 경험했다면 앞으로는 VR HMD, AR Glass, 글러브(Glove), 수트(Suit) 등 다양한 웨어러블 기기

메타버스 생태계

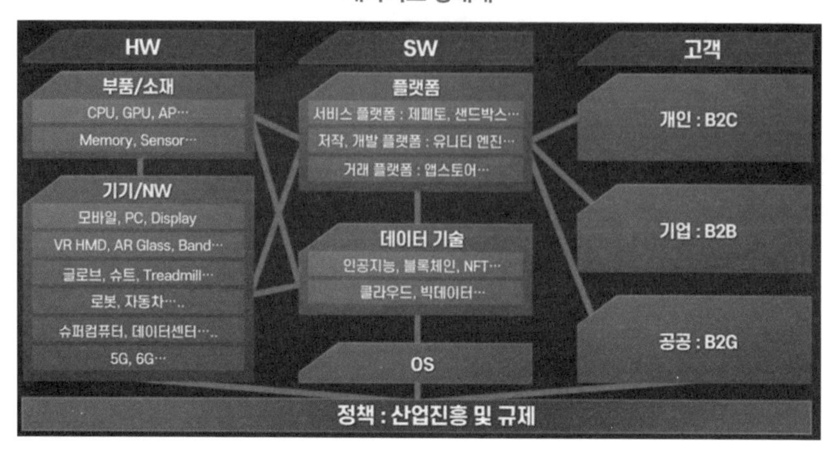

들을 사용하게 될 텐데요, 주목받는 HW와 부품·소재를 공급하는 기업들이 유망해지겠지요.

HW는 SW로 구동되고, SW는 운영체제(OS) 위에 다양한 플랫폼들이 연결되어 마침내 고객에게 전달됩니다. 아이폰 안에 iOS라는 운영체제가 있고, 앱스토어라는 거래 플랫폼도 있죠. 앱스토어에는 앱으로 만들어진 수많은 서비스가 있습니다. 그리고 서비스를 개발하도록 도와주는 저작 도구도 있습니다.

예를 들어 네이버 Z가 운영하는 제페토는 유니티(Unity)라는 개발 도구로 만들어졌고, 애플 앱스토어와 구글 플레이 스토어에서 다운로드받을 수 있습니다. 즉 제페토는 메타버스 생태계에서 서비스 플랫폼 영역에 해당합니다. 메타(Meta)는 메타 퀘스트2라는 VR HMD를 만들고, 이를 위해 퀄컴 등 다양한 반도체, 부품, 소재 기업과 협력하고 있습니다. 또한 메타 스토어

(Meta Store)라는 거래 플랫폼을 운영하고 있고, 유니티 엔진을 활용해 호라이즌(Horizon)이라는 서비스도 제작했습니다. HW와 SW에 모두 관여하며 생태계의 주도권을 확보하려고 하는 것이죠. 이처럼 생태계 내 한 부분에서 역량을 키워나가는 기업도 있고, 여러 분야에 걸쳐 역량을 확보하려는 기업도 있습니다. 클라우드 서비스처럼 많은 기업들이 사용할 수 있는 인프라를 제공하는 기업도 있죠.

메타버스 HW와 SW의 세부 분야별 요소를 이해하고 관련 기업들을 먼저 파악하면서 전체 구도를 이해하시는 게 좋습니다. 또한 인터넷 혁명도 그러했듯이 정부의 산업진흥 정책과 규제도 생태계에 영향을 미치는 요소이니 함께 고려해야 합니다.

NFT도 별도의 생태계 관점에서 바라볼 필요가 있습니다. NFT를 발행하기 위해서는 블록체인 네트워크, 즉 인프라가 필요하고 암호화폐 지갑도 필

NFT 생태계

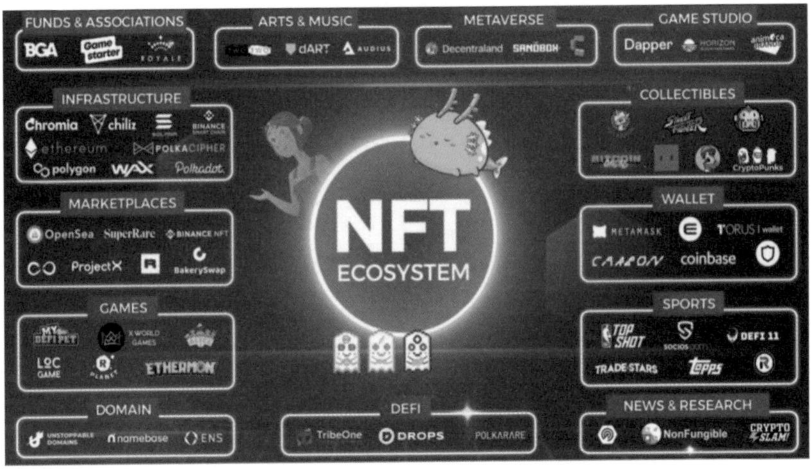

자료: kyros.ventures

요하죠. 또한 NFT는 음악, 컬렉터블, 스포츠, 금융, 게임 등 적용 범위가 넓어 관련 서비스를 제공하는 기업도 다양합니다. NFT를 거래하는 마켓플레이스도 있고, NFT 통계와 연구자료를 제공하는 기업도 있습니다. 이처럼 생태계 안에 다양한 분야의 기업들이 역할을 하고 있음을 인지하고 투자 분야와 대상을 선별해야겠죠.

NFT의 생태계 전반을 이해하고 어떠한 기업들이 있는지 파악했다면 어떤 NFT 프로젝트에 투자할지 고민하게 되는데, 이 경우 프로젝트 구성 인력의 이력, NFT 프로젝트의 로드맵(Road Map)과 해당 NFT 프로젝트 보유자에게 어떠한 혜택을 부여하려고 하는지는 꼭 확인해볼 필요가 있습니다. 또한 NFT 프로젝트의 커뮤니티가 활성화되어 있는지, 투자유치 상황은 어떠한지, 세부 운영을 어떻게 하고 있는지 등 다양한 요소를 고려해야 합니다. 실제 러그풀(Rug Pull)이라 불리는 사기성 프로젝트도 존재하므로, 즉 개발자가 프로젝트를 갑자기 중단하고 사라지는 경우도 발생하기 때문에 투자 시 유의해야 합니다.

투자자라면 메타버스 ETF에 주목하는 게 좋다던데요?

개별 종목이 아닌 메타버스 생태계 전체에 투자하고 싶을 때 메타버스 ETF에 투자하면 다양한 메타버스 기업에 분산 투자하는 효과를 낼 수 있습니다. 보유 종목과의 중복 여부, 운용사의 선정 종목, 규모, 수수료 등 다양한 측면에서의 확인은 필요합니다.

메타버스 생태계에 수많은 기업이 있고 어떤 기업에 투자할지 하나씩 분석하며 알아가는 방법도 있지만, 그 방법은 시간이 많이 소요됩니다. 그리고 투자자에 따라 "나는 개별 기업이 아니라 메타버스 생태계 전체에 투자하고 싶은데 방법이 없을까" 고민하시는 분도 있을 겁니다.

그래서 자산운용사들이 메타버스 기업들을 선별해서 투자 포트폴리오를 만들고 투자자들이 손쉽게 투자할 수 있도록 만든 상품이 바로 메타버스 ETF입니다.

실제 메타버스 ETF 상품을 예로 설명드리겠습니다. 네이버 금융(finance.naver.com)에 접속해서 검색창에 'TIGER Fn메타버스'라고 입력하시면 관련 상품이 조회됩니다. 검색 결과 화면 오른쪽 설명을 보면, 미래에셋자산운

TIGER Fn메타버스 ETF

자료: 네이버

용에서 2021년 10월 13일에 만든 메타버스 ETF이고 2022년 4월 1일 종가 기준 1주에 11,545원이라는 것을 알 수 있습니다. 이처럼 HTS를 통해서 일반 기업의 주식처럼 메타버스 ETF를 사고팔 수 있습니다.

여러분이 삼성전자 1주를 사셨다면 삼성전자라는 단일 기업의 주식을 1주 산 것입니다. 그렇다면 TIGER Fn메타버스 1주를 샀다는 건 어떤 의미일까요? TIGER Fn메타버스는 오른쪽 페이지의 자료에서 보듯 20개의 메타버스 관련 기업으로 구성되어 있습니다. 20개 메타버스 기업 중 상위 10개 기업의 투자 비중은 검색화면의 ETF 분석을 클릭하시면 알 수 있습니다. LG이노텍(13.74%), 하이브(9.54%), LG디스플레이(9.5%) 등 세부 기업들과 투자 비중을 확인할 수 있습니다. 물론 해당 상품의 홈페이지에 가면 20개 기업의 투자 비중을 모두 볼 수 있습니다.

즉 내가 TIGER Fn메타버스 1주를 샀다면, 이는 20개의 메타버스 기업

TIGER Fn메타버스 구성 종목

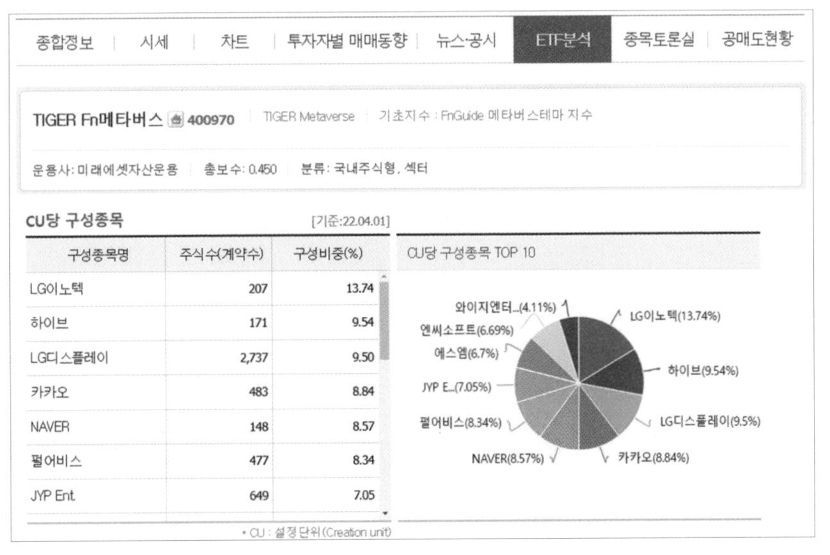

구성종목명	주식수(계약수)	구성비중(%)
LG이노텍	207	13.74
하이브	171	9.54
LG디스플레이	2,737	9.50
카카오	483	8.84
NAVER	148	8.57
펄어비스	477	8.34
JYP Ent.	649	7.05

자료: 네이버

에 투자한 것입니다. 부품기업, 콘텐츠 기업, 디스플레이 기업 등 메타버스와 관련한 다양한 기업들에 골고루 투자를 할 수 있는 것이죠. 즉 소액으로 여러 메타버스 기업에 분산투자를 한 것입니다.

이러한 메타버스 ETF가 2022년 4월 1일 기준으로 9개 있습니다. 네이버 금융(finance.naver.com)에 접속하고 검색창에 메타버스를 입력하면 관련한 ETF가 다음 페이지의 자료와 같이 보일 겁니다. 여기서 예를 들어 설명해드린 TIGER Fn메타버스 ETF 외에도 다양한 메타버스 ETF가 존재하니 세부 상품들을 보고 나에게 맞는 메타버스 ETF를 고르는 것도 투자의 한 방법입니다.

TIGER Fn메타버스 ETF

종목명	현재가	전일대비	등락율	매도호가	매수호가	거래량	거래대금(백만)
TIGER Fn메타버스 코스피	11,545	▲ 40	+0.35%	11,550	11,545	1,194,817	13,781
KBSTAR iSelect메타버스 코스피	10,570	▲ 45	+0.43%	10,570	10,560	107,009	1,124
KODEX K-메타버스액티브 코스피	11,235	▲ 75	+0.67%	11,240	11,235	1,069,472	11,972
HANARO Fn K-메타버스MZ 코스피	10,885	▲ 30	+0.28%	10,885	10,855	21,815	236
KINDEX 글로벌메타버스테크액티브 코스피	8,770	▼ 205	-2.28%	8,770	8,660	2,759	23
KODEX 미국메타버스나스닥액티브 코스피	8,515	▼ 120	-1.39%	8,515	8,510	79,880	679
KBSTAR 글로벌메타버스Moorgate 코스피	9,150	▼ 60	-0.65%	9,150	9,145	1,033	9
TIGER 글로벌메타버스액티브 코스피	8,605	▼ 160	-1.83%	8,605	8,600	302,711	2,598
HANARO 미국메타버스iSelect 코스피	10,400	▼ 195	-1.84%	10,400	10,325	522	5

자료: 네이버

여러 메타버스 ETF 중에서 투자 상품을 고를 때 참고할 사항이 있는데요, 순서대로 TIGER Fn메타버스(미래에셋자산운용), KBSTAR iSelect메타버스(KB자산운용), KODEX K-메타버스액티브(삼성자산운용), HANARO Fn K-메타버스MZ(NH-Amundi자산운용), 이 4개의 메타버스 ETF는 국내 메타버스 기업에만 투자하는 상품입니다. 주로 국내 엔터, 게임 기업들이 많이 포함되어 있습니다. 그리고 삼성자산운용의 KODEX K-메타버스액티브는 액티브(Active) ETF이고, 나머지 3개는 패시브(Passive) ETF입니다. 액티브 ETF는 펀드 매니저의 재량으로 종목과 매매 시점 등을 결정해 운용하는 상품이기 때문에 펀드 매니저의 역량이 중요합니다. 패시브 ETF는 용어 그대로 선정된 종목을 안정적으로 유지하며 운용된다는 점에서 차이가 있습니다.

KINDEX 글로벌메타버스테크액티브(한국투자신탁운용), KODEX 미국메타버스나스닥액티브(삼성자산운용), KBSTAR 글로벌메타버스Moorgate(KB자산운용), TIGER 글로벌메타버스액티브(미래에셋자산운용), HANARO 미국 메타버스iSelect(NH-Amundi자산운용)는 국내 기업이 아닌 글로벌 메타버스 기업에 투자하는 상품입니다. 국내보다 해외 메타버스 기업에 관심이 많다면 글로벌 메타버스 ETF를 자세히 살펴보는 게 좋을 것 같습니다.

이 중 ETF 이름에 액티브가 들어간 ETF는 액티브 ETF이며, 나머지는 패시브 ETF입니다. 각각의 글로벌 메타버스 ETF들은 종목을 선정하는 기준들에 조금씩 차이가 있습니다. 예를 들어 삼성자산운용은 인공지능 엔진을 활용해 미국 상장종목 중 메타버스 키워드와 연관성이 높은 40개 종목에 투자하고 있고, 미래에셋자산운용은 메타버스 관련 매출 비중이 50%를 넘는 기업 중 시가총액 상위 50개 종목에 투자하는 등 선정 종목에 차이가 있어 세부 내용과 기업을 확인해보시는 게 좋습니다.

또한 현재 보유하고 있는 종목이 메타버스 ETF 구성 종목과 중복된다면 굳이 ETF에 투자할 필요가 없겠죠. 그리고 각 운용사의 수수료, 운용 규모, 거래량도 확인해보면 좋을 것 같습니다. 거래량이 적으면 매매가 힘들기 때문입니다.

마지막으로, 다양한 메타버스 ETF에 포함된 종목은 메타버스 생태계와 기업을 이해하고 분석하는 데 도움이 됩니다. 실제 투자를 하지 않더라도, 전문가들이 다양한 기준으로 선정한 국내외 메타버스 기업들을 확인해보고 해당 기업들이 어떠한 사업을 하는지 추가로 검토하면 메타버스 투자에 있어서 유용할 것이라고 생각합니다.

NFT 관련 ETF도 상장되어 있나요?

최초로 상장된 NFT ETF인 디파이언스 디지털 레볼루션 ETF가 있습니다. 현재는 운용 규모와 거래량이 적어 변화 추이를 보면서 구성 종목에 포함된 다양한 NFT, 블록체인 기업들을 관심 있게 지켜볼 필요가 있습니다.

세계 최초로 NFT ETF가 2021년 12월에 상장되었습니다. 디파이언스 디지털 레볼루션 ETF(Defiance Digital Revolution ETF)이며, 티커명은 NFTZ입니다. 운용 규모는 1,319만 달러로 크지는 않고, 운용 수수료는 0.45%입니다.

NFTZ의 투자 대상 선정 기준은 블록체인, 암호화폐로 수익을 창출하고 있거나 대차대조표상 암호화폐를 보유하고 있는 기업, 그리고 NFT 생태계에 관여하는 기업으로 제시되어 있는데 암호화폐 자산관리, 트레이딩, 결제, 채굴 관련 SW와 HW 기업을 주요 종목으로 선정했습니다.

주요 투자기업으로 NFT 마켓플레이스 진출을 발표한 게임스탑(GameStop), 암호화폐 채굴기업 라이엇(Riot) 블록체인, 마라톤(Marathon) 디지털이 있습

NFTZ 상장 이후 가격변화

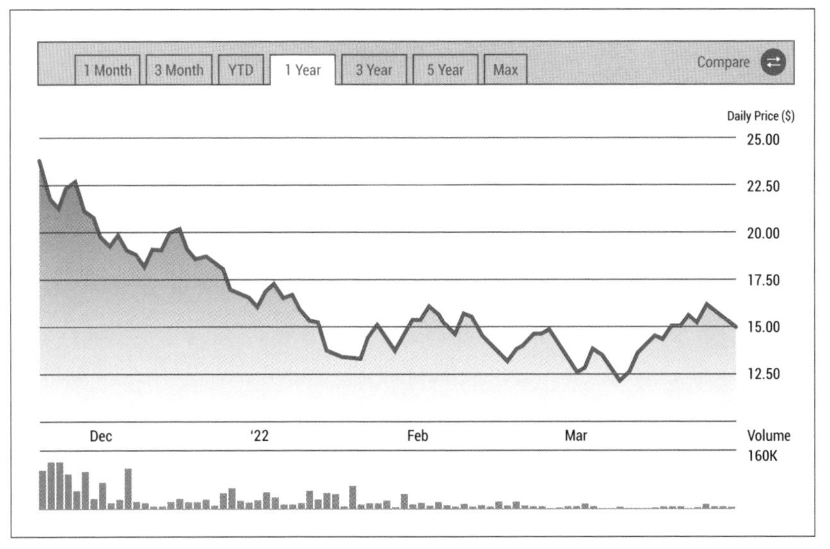

자료: etf.com/NFTZ#overview

니다. 또한 가상자산 은행 실버게이트 캐피털, NFT를 보유한 사람에게 콘텐츠 접근 권한을 부여하는 클라우드플레어(Cloudflare) 등이 포함되어 있습니다.

NFTZ는 최초의 NFT ETF라는 측면에서 의미가 있지만 아직 운용 규모와 거래량이 적습니다. 구성 종목도 NFT 연관성은 있지만 블록체인, 암호화폐와의 연관성이 상대적으로 더 높고, NFT 관련 매출은 대부분 아직 규모가 작습니다. 향후 NFTZ ETF의 규모와 거래량의 추이를 확인하면서 NFT 구성 종목으로 선정된 기업들에 관심을 가져보면 좋을 것 같습니다.

NFTZ의 주요 투자기업

% of Net Assets	Name	Identifier
5.01%	GAMESTOP CORP NEW	GME
4.79%	SILVERGATE CAP CORP	SI
4.71%	RIOT BLOCKCHAIN INC	RIOT
4.46%	CORE SCIENTIFIC INC	CORZ
4.25%	BLOCK INC	SQ
4.24%	MARATHON DIGITAL HOLDINGS INC COM	MARA
4.21%	CLEANSPARK INC	CLSK
4.15%	CLOUDFLARE INC	NET
4.03%	HIVE BLOCKCHAIN TECHNOLOGIES	HIVE CN
4.01%	TERAWULF INC	WULF
3.84%	CANAAN INC	CAN
3.82%	COINBASE GLOBAL INC	COIN
3.74%	BITFARMS LTD/CANADA	BITF CN
3.55%	HUT 8 MNG CORP NEW COM	HUT CN
3.52%	EBAY INC.	EBAY
3.47%	ARGO BLOCKCHAIN PL	ARB LN
3.13%	VINCO VENTURES INC	BBIG
3.12%	DRAFTKINGS INC	DKNG
3.05%	FUNKO INC	FNKO
2.92%	PLBY GROUP INC	PLBY
2.63%	VOYAGER DIGITAL LTD	VOYG CN
2.52%	THE NAGA GROUP AG	N4G GR
2.00%	SINGULARITY FUTURE TECH LTD	SGLY
1.94%	MAWSON INFRASTRUCTURE GROUP IN COM NEW	MIGI
1.77%	DEFI TECHNOLOGIES INC	DEFI CN
1.63%	MOGO INC	MOGO CN
1.36%	BITCOIN GROUP SE	ADE GR
1.24%	BIGG DIGITAL ASSETS INC	BIGG CN
1.22%	ARIES I ACQUISITION CORP	RAM
0.97%	GREENIDGE GENERATION HLDGS INC CLASS A COM	GREE
0.92%	BIT MINING LIMITED	BTCM
0.79%	ETHER CAPITAL CORP	ETHC CN

※ 자료: www.defianceetfs.com (2022.4.1.기준)

엔비디아의 메타버스·NFT 전략, 투자 시 고려사항은 무엇인가요?

엔비디아는 하드웨어에서 종합 컴퓨팅 기업으로 진화하고 있으며, 메타버스 환경을 구축하는 기본 인프라와 컴퓨팅을 제공하며 전 산업으로 영향력을 확대하고 있습니다. 향후 경쟁기업의 GPU시장 진출, 글로벌 테크기업들의 자체 칩 개발 등 수요감소 요인도 투자 시 고려 대상입니다.

엔비디아는 그래픽 처리장치인 GPU(Graphic Processing Unit)를 만들어 판매하는 기업입니다. 엔비디아는 GPU의 창안자이자, 인공지능 컴퓨팅 분야의 세계적인 선도기업으로서 현대적 컴퓨터 그래픽을 재정의하고 병렬 컴퓨팅의 변혁을 일으켰습니다.

엔비디아의 GPU가 가장 많이 사용되는 곳은 게이밍(Gaming) 영역이며, 관련 PC와 노트북에 장착되어 사용되고 있습니다. 다음으로 GPU가 많이 활용되는 곳은 대용량의 데이터를 처리하는 데이터 센터(Data Center)인데 마이크로소프트, 아마존, 구글 등 주요 기업들은 데이터 센터에 엔비디아의 GPU를 사용하고 있죠.

엔비디아의 매출은 지속적으로 성장하고 있으며, GPU를 판매하는 HW

엔비디아의 매출 변화

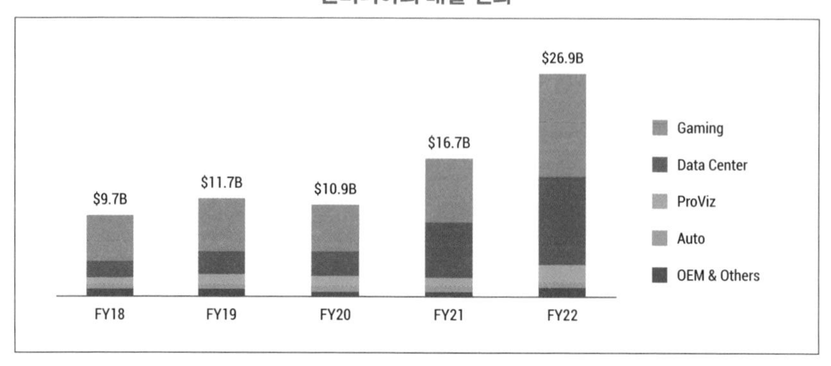

자료: 엔비디아

부분이 전체 매출의 90%를 차지하고 있습니다. 그리고 최근 성장하고 있는 전문 시각화(ProViz), 자동차(Auto) 부문은 SW 영역에 해당하며, 물리 법칙이 적용되는 가상세계를 만들고 자율주행을 통해 인공지능이 학습하는 환경을 만드는 서비스도 제공하고 있습니다.

엔비디아의 사업전략에서 주목해야 할 부분은 '엔비디아는 단순히 GPU라는 하드웨어만을 판매하지 않는다'는 것입니다. GPU의 성능을 최적화하는 SW 개발 플랫폼 지원을 통해 자신들의 HW를 지속 사용하도록 만드는 선순환 구조를 형성하고 있습니다.

GPU가 단순 반복연산에 강해 인공지능 학습에도 유용하게 활용되기 때문에 인공지능 개발자들이 엔비디아의 GPU를 잘 활용해 개발할 수 있도록 지원하는 CUDA(Compute Unified Device Architecture) 플랫폼을 지원했고, 또한 현실의 물리 법칙을 가상세계에서 구현해 다양한 시뮬레이션 세계를 만들 수 있는 저작 도구, 옴니버스(Omniverse)를 만들어 사용하도록 지원하고 있습니다.

엔비디아 HW와 SW의 선순환 고리

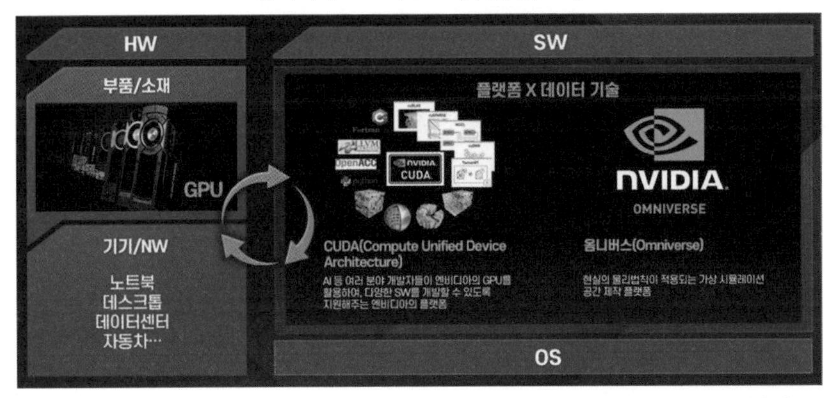

자료: 엔비디아 자료 기반 저자 재구성

이러한 엔비디아의 HW와 SW를 결합한 전략으로 인해 엔비디아 GPU를 이용하는 개발자 수는 급격히 늘어나 2021년 300만 명에 이르고 있습니다. 또한 4,500만 명의 디자이너와 창작자들이 엔비디아의 HW와 SW를 사용하고 있습니다.

엔비디아를 활용하는 개발자, 디자이너, 창작자 수

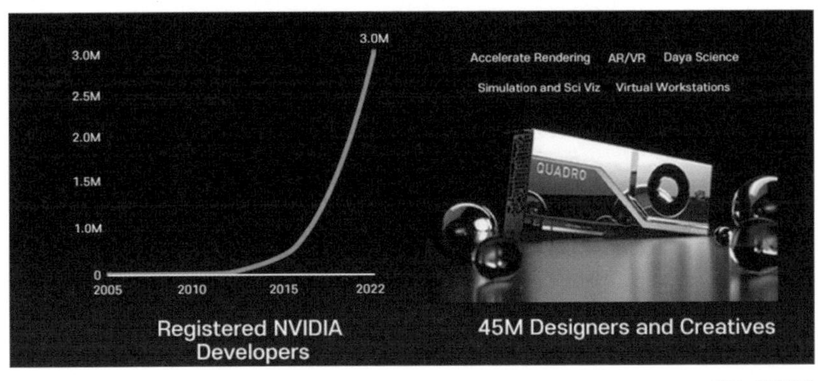

자료: 엔비디아

종합 컴퓨팅 기업으로 변신하는 엔비디아

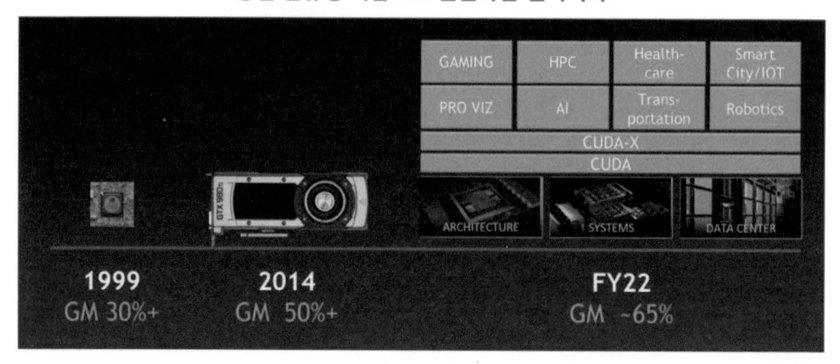

자료: 엔비디아

HW와 SW의 선순환으로 관련 사업은 지속 성장중인데, 슈퍼컴퓨터 시장에서도 엔비디아의 점유율은 90%에 달합니다. 또한 벤츠, 랜드로버 등 글로벌 자동차 기업들이 엔비디아와 협력하고 있습니다.

이처럼 엔비디아는 메타버스 시대 핵심기술인 인공지능과 가상공간을 만드는 SW, HW를 다양한 산업에 제공하고 있습니다. 앞으로 메타버스 시대가 가속화되어 갈수록 엔비디아의 HW와 SW를 사용하는 기업은 늘어갈 텐데요, 과거 GPU만을 만들던 HW 기업에서 엔비디아는 메타버스 시대 종합 컴퓨팅 기업으로 변신했습니다. 그러면서 전 산업에 영향을 미치며 경쟁력을 높이고 있습니다.

이러한 이유로 엔비디아는 메타버스 관련 고성장 기업으로 주목받으며 투자의 대상이 되고 있습니다. 메타버스 투자관점에서 엔비디아는 매우 매력적인 기업이지만 몇 가지 고려해야 할 사항이 있습니다. 이미 이러한 미래가치가 일부 반영되어 상당한 고가에 거래되고 있고, 고성장주이기 때문에 변동성도 매우 높아 등락이 심한 편입니다.

또한 GPU 등 반도체 시장의 경쟁이 심해져서 인텔 등 경쟁기업이 GPU를 제작하고 있고, 기존 고객인 마이크로소프트, 구글 등 많은 기업이 자체 반도체를 제작하고 있다는 점도 유의할 필요가 있습니다.

메타의 메타버스·NFT 전략, 투자 시 고려사항은 무엇인가요?

메타는 HW와 SW 역량을 강화하며 메타버스 경쟁력을 제고하고 기존의 수많은 사용자를 메타버스로 이주시켜 광고를 넘어선 다양한 비즈니스 모델로의 변신을 시도하고 있습니다. 다만, 투자 시 기존 사업 정체와 메타버스 전환 비용, 기간 등을 고려할 필요가 있습니다.

사명을 페이스북에서 메타(Meta)로 바꾼 만큼, 메타는 메타버스에 진심인 기업이라고 할 수 있습니다. 많은 사람에게 메타는 페이스북이라는 SW 기업으로 인식되고 있지만, 메타는 2014년 오큘러스를 인수하고 난 이후부터 메타버스 시대를 준비하기 위해 다양한 측면에서 HW 역량을 강화해왔습니다. 메타 퀘스트2는 출시 1년 만에 1천만 대를 돌파하며 주목받고 있고, 새로운 HMD인 캄브리아와 AR Glass 아리아 프로젝트도 진행하고 있습니다.

2021년에는 스마트 글라스 레이밴 스토리를 출시하기도 했습니다. 또한 메타버스의 미래를 준비하는 측면에서 AR 밴드, 햅틱 글러브, AR 모자 등 다양한 혁신을 준비하고 있습니다. 현재는 메타 퀘스트2에 들어가는 칩

메타버스 HW 역량을 강화해온 메타(Meta)

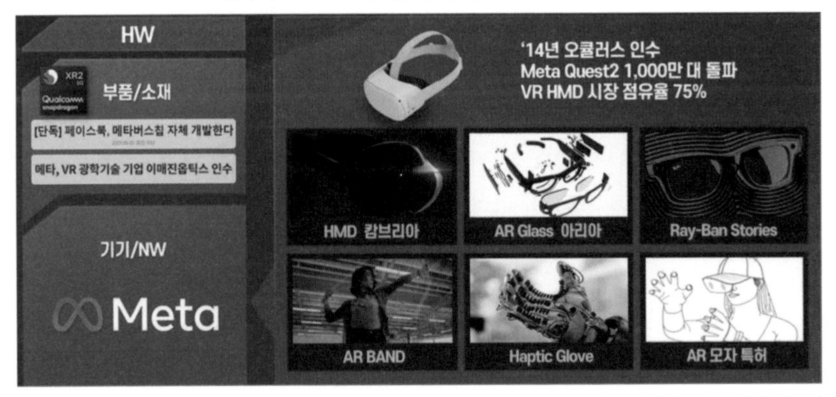

자료: 메타자료 기반 저자 재구성

을 퀄컴으로부터 조달받고 있는데, 자체 칩을 개발하기 위한 노력도 병행하고 있습니다.

메타는 메타 퀘스트에서 구동되는 다양한 서비스가 모여 있는 메타 퀘스트 스토어를 운영하고 있습니다. 마치 애플의 앱스토어와 같은 역할을 하는 플랫폼입니다. 여러 기업이 메타 퀘스트 스토어에 자신들의 게임·콘텐츠를 개발해 업로드하고 있고, 메타도 비트게임즈 등 다양한 게임사를 인수하며 콘텐츠 역량도 강화하고 있습니다. 메타 퀘스트2의 판매량 증가와 함께 관련 게임·콘텐츠 판매량도 늘어나고 있습니다.

메타는 2021년 말, 호라이즌(Horizon)이라는 메타버스 플랫폼을 출시했고 2022년 1월 기준 약 30만 명이 사용하고 있습니다. 호라이즌 안에는 개개인이 자신만을 위한 공간인 호라이즌 홈도 있고, 일하는 공간인 호라이즌 워크룸(Work room)도 있습니다. 현재 메타 퀘스트2에 사용되는 운영체제(OS)는 구글의 안드로이드를 활용하고 있는데, 자체 OS를 개발하지 못한 점은 아쉬운 부분이기도 합니다.

현재 메타는 SNS 관련 많은 사용자를 확보하고 있는데 대표적으로 페이스북 사용자는 30만 명, 왓츠앱은 20억 명, 인스타그램은 12억 명이 사용하고 있습니다. 전 세계 인구가 79억 명임을 감안하면 엄청나게 많은 이용자를 확보하고 있다는 것이고, 사명을 바꾸면서 이 사람들을 5년 내 메타버스로 이주시킨다는 계획을 발표한 것이죠.

메타가 메타버스 관련 HW와 SW 역량을 확보하며 경쟁력을 높이고 있지만, 현재 사업 상황이 그리 녹록지 않습니다. 메타의 매출은 최근까지 성장하고 있지만 매출의 97%가 광고에서 발생하고 있어 광고 의존도가 매우 높은 상황입니다.

무엇보다 창사 이래 일간 활성 사용자 수인 DAU(Daily Active Users)가 감소해 위기감이 고조되고 있습니다. 틱톡, 유튜브 등 다양한 플랫폼들이 활성화중이며, 로블록스 등과 같은 메타버스 플랫폼도 지속적으로 등장하

메타버스 SW 역량을 강화해온 메타(Meta)

자료: 메타자료 기반 저자 재구성

페이스북의 DAU 변화(단위: 1백만)

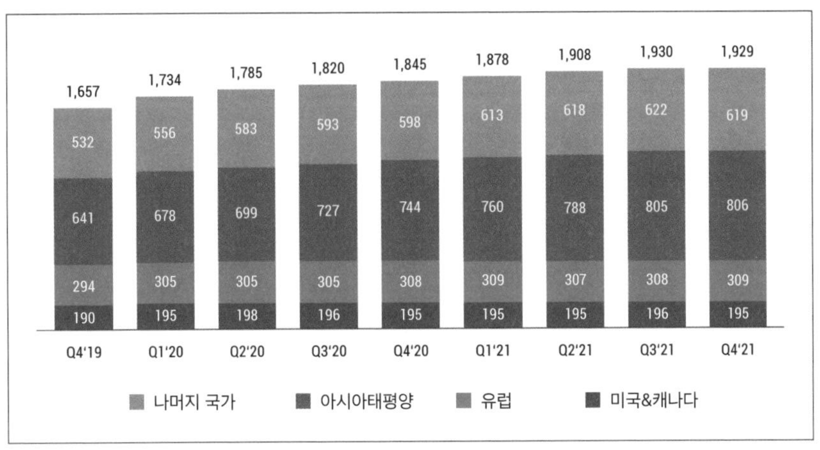

자료: 메타

며 가입자가 늘어나고 있습니다. 로블록스의 경우 하루 평균 이용 시간이 156분이지만, 페이스북은 21분에 그치고 있습니다. 사용자들이 페이스북에 오랫동안 머무르지 않는다는 것이죠.

엎친 데 덮친 격으로 애플의 프라이버시 정책 변화로 인해 고객 데이터 사용이 어렵게 되었고, 이는 광고매출 감소로 이어질 전망입니다. 메타는 2022년 광고매출이 약 12조 원 감소할 것으로 전망하고 있습니다. 2년 뒤에는 구글의 프라이버시 정책 변화도 예정되어 있어 광고매출 감소 폭이 늘어날 우려가 있습니다.

메타버스 사업을 본격화하고 있지만, 들어가는 비용도 만만치가 않습니다. 2021년 메타버스 사업을 총괄하는 리얼리티 랩스의 매출은 2019년 대비 4배나 증가했지만, 들어가는 비용이 커서 2021년 12조 원 적자가 발생했습니다. 당분간 메타버스 관련 SW, HW 투자가 불가피한 만큼 비용부담

메타의 매출 및 순수익 변화(단위: 1백만 달러)

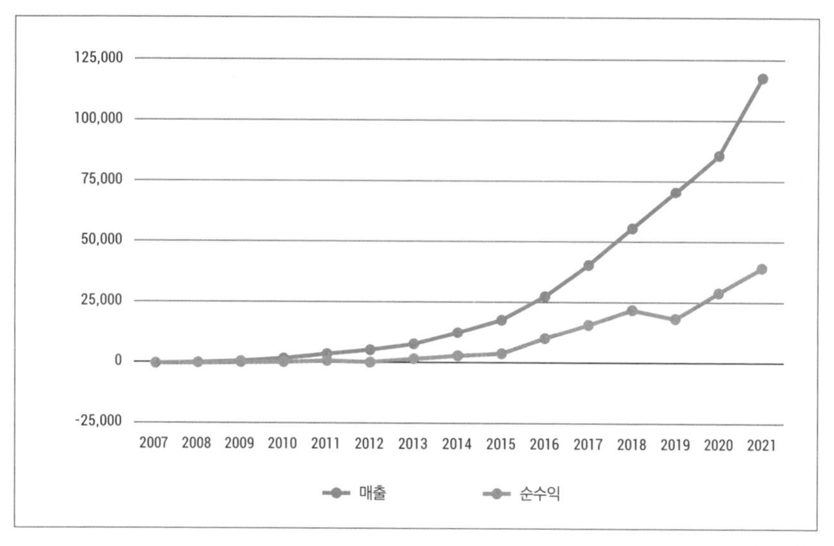

자료: 메타

메타의 메타버스 적용 분야

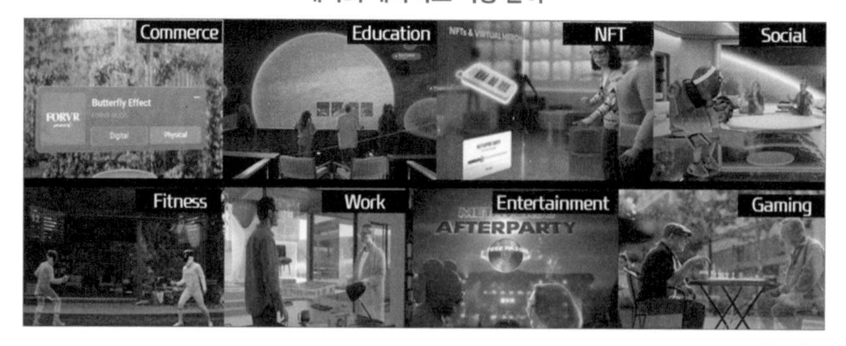

자료: 메타

도 있는 상황입니다.

2004년 설립 후, 2012년에 상장하고 인터넷 시대를 주도해왔던 메타가 현재 새로운 변화에 직면해 있습니다. 메타버스 기업으로의 변신을 통해 새로운 혁신을 만들어가고 있으나, 동시에 기존 사업의 위기, 높은 광고 수익 의존도, 메타버스 투자 비용 증가 등 다양한 위험요인도 상존합니다. 과거 메타가 페이스북의 가입자를 모으고 실제 수익을 창출하기까지는 꽤나 시간이 걸린 것처럼 메타버스 사업도 본궤도에 오를 때까지 시간이 소요될 수 있습니다.

메타가 메타버스 전환을 잘한다면 과거와 달리 기기 판매 수익, 커머스, 교육, NFT, 구독모델 등 수익모델이 다변화될 수 있는 만큼, 어떻게 위기를 극복하며 기회를 만들어나가는지 예의 주시하며 투자의 기회를 발굴하시기 바랍니다.

메타의 메타 퀘스트2 판매량이 늘어나고 있다는데, 어떤 의미가 있나요?

메타의 메타 퀘스트2의 판매량이 출시 후 1년 만에 1천만 대를 넘으며 대중화 기기로 진입하고 있습니다. X박스 판매량을 넘어서고, 2021년 크리스마스 기간 다운로드 앱 1위로 등극하는 등 새로운 변화와 향후 등장할 새로운 기기에도 관심을 가질 필요가 있습니다.

메타버스에 대한 관심이 높아지면서 페이스북에서 사명을 바꾼 메타(Meta)가 투자의 대상으로 주목받고 있습니다. 메타에 투자하는 데 있어서 다양한 면을 고려해야 하지만 그중, 메타 퀘스트2의 판매량을 빼놓을 수가 없겠죠. 메타 퀘스트의 판매량은 다양한 측면에서 이해할 필요가 있습니다.

먼저, 메타 퀘스트2 판매량이 1천만 대를 돌파했습니다. 2020년 10월 출시 후 1년 후인 2021년 11월에 1천만 대를 돌파했는데요, 메타 측에서 판매량을 공개하지는 않았지만 메타 퀘스트2에 탑재된 퀄컴의 스냅드래곤 XR2 칩셋 판매량이 1천만 개를 넘어서며 자연스럽게 기기의 출하량도 알려지게 된 것이죠.

퀄컴 CEO인 크리스티아노 아몬(Cristiano Amon)은 스냅드래곤 XR2 칩

셋을 "메타버스에 참여할 수 있는 티켓"으로 표현하며 판매량이 1천만 대를 넘어섰다고 발표했습니다. 메타 CEO인 마크 저커버그는 2018년 지속 가능한 가상현실 생태계를 위해 1천만 명의 사용자를 확보하는 것이 중요하다고 언급한 바 있습니다.

두 번째, 1천만 대의 판매가 꾸준히 이루어졌습니다. 통상 새로운 기기는 초반 판매량 급증 이후 감소하는 패턴을 보이는데요, 하지만 판매 시작 이후 1년 동안 메타 퀘스트2의 판매량은 꾸준했습니다. 글로벌 데이터 기업 슈퍼데이터에 따르면, 메타 퀘스트2는 출시 후 첫 두 달 동안 약 100만 대가 팔렸고, 이후에도 같은 수준으로 꾸준히 판매되었습니다.

세 번째로, 2021년 메타 퀘스트2의 판매량이 게임기의 강자인 MS X박스 판매량을 넘어섰습니다. 미 시장 분석업체인 비디오 게임 차트는

연도별 콘솔 브랜드 판매량(단위: 1백만)

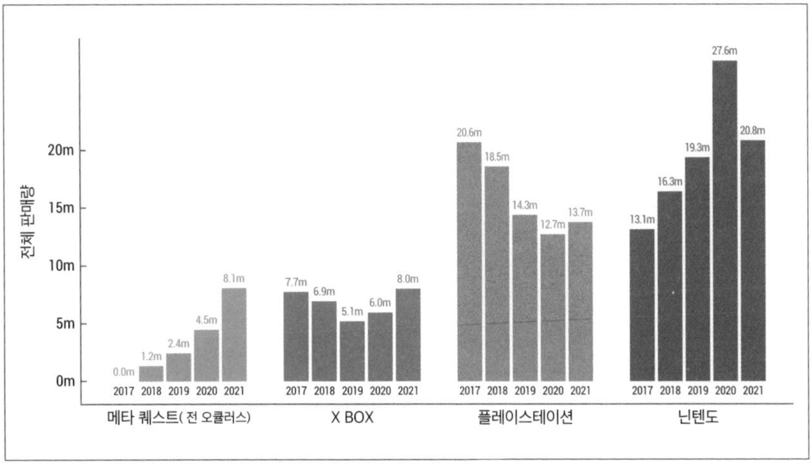

출처: gigazine.net/gsc_news/en/20211227-meta-oculus-vr/

2021년 X박스 판매량을 800만 대로 추정했고 메타 퀘스트2는 이를 넘어선 것이죠. 아직 소니 플레이스테이션, 닌텐도에는 미치지 못하지만 유력 콘솔 브랜드와 유사한 수준으로 판매량이 증가하고 있다는 점은 주목할 만합니다.

네 번째, 메타 퀘스트2 판매량의 성장 폭이 타 콘솔기기보다 월등히 높다는 것입니다. 최근 5년간 메타 퀘스트는 매년 100%에 가까운 성장을 하고 있지만, 타 콘솔기기들은 성장세가 정체되거나 하락하고 있습니다.

다섯 번째, 2021년 크리스마스 기간에, 애플 앱스토어 다운로드 1위는 오큘러스 앱이 차지했습니다. 오큘러스 앱이 크리스마스 시즌에 앱스토어에서 1위에 오른 것은 최초이며, 이는 메타 퀘스트2가 인기 크리스마스 선물이 되었다는 것을 의미합니다. 크리스마스 시즌에 앱스토어 오큘러

연도별 크리스마스 기간(12.24~12.26) 오큘러스 앱 신규 다운로드 수(단위: 1천 개)

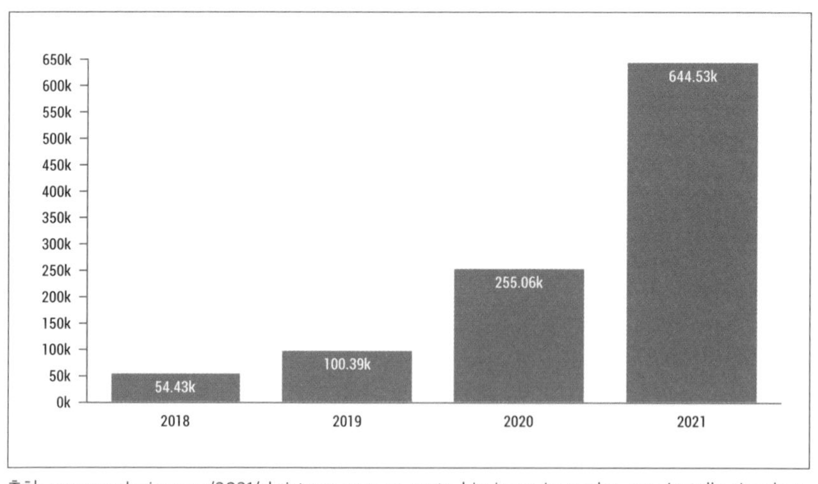

출처: www.geekwire.com/2021/christmas-was-so-meta-big-jump-in-oculus-app-installs-signals-a-tipping-point-for-vr/

스 다운로드 수는 2018년 약 5만 5천 건에서 2019년 약 1십만 건, 2020년 25만 건, 2021년 644만 건으로 급증하고 있는데요, 특히, 2020년 대비 2021년의 다운로드 수는 가장 큰 폭으로 증가했습니다.

메타 퀘스트2는 메타버스 혁명을 견인하는 중요한 기기 중 하나입니다. 메타버스 시대, 메타가 가져올 변화를 예측하고 메타 퀘스트와 연동될 다양한 서비스, 플랫폼 등 생태계 전체를 조망하며 투자를 준비하면 좋을 것 같습니다. 메타 퀘스트뿐만 아니라 향후 등장하게 될 메타의 캄브리아, 소니의 플레이스테이션 VR2 등 메타버스 관련한 여러 하드웨어도 다양한 시각으로 판매량을 분석하고 이해하면 투자에 도움이 될 것입니다.

MS의 메타버스·NFT 전략, 투자 시 고려사항은 무엇인가요?

MS는 기존 SW 역량을 가상공간으로 진화시키고 새로운 HW를 개발해 결합하고 있습니다. B2B에서 B2C, B2G영역으로 메타버스 사업모델을 확대하고 있으며, B2B SW기업에서 전 산업에 영향을 미치는 메타버스 기업으로 변신중입니다.

MS 매출이 2021년 약 200조 원에 달하며 지속 성장하고 있습니다. 영업이익률도 2018년 31.8%에서 2021년 41.6%로 증가하는 등 재무성과 측면에서 양호한 실적을 이어나가고 있습니다.

MS의 매출은 크게 3개 사업 부문으로 구성되어 있습니다. MS 워드 등의 오피스 365, 기업 데이터 서비스 다이나믹 365 등 생산성 및 비즈니스 프로세스 부문과 MS의 최근 가장 큰 성장 동력으로는 매출에서 약 35.43%를 차지하는 인텔리전트 클라우드 사업이 있습니다.

MS의 클라우드 서비스 애저(Azure)는 아마존의 아마존웹서비스(AWS)에 이어 시장 점유율 2위를 차지했는데요, 2021년 3분기 AWS와 애저는 각각 32%, 21%의 시장 점유율을 기록했고 3위는 8% 점유율을 기록한 구글

MS 매출

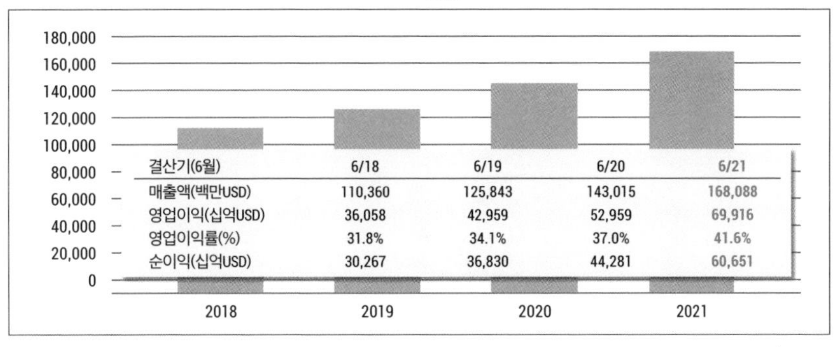

결산기(6월)	6/18	6/19	6/20	6/21
매출액(백만USD)	110,360	125,843	143,015	168,088
영업이익(십억USD)	36,058	42,959	52,959	69,916
영업이익률(%)	31.8%	34.1%	37.0%	41.6%
순이익(십억USD)	30,267	36,830	44,281	60,651

자료: MS

클라우드였습니다. 3위와의 격차도 크게 생긴 것입니다.

세 번째 사업 부문은 퍼스널 컴퓨팅인데요, 엑스박스 원(Xbox One)와 서비스, 윈도우, 검색서비스 빙(Bing)이 여기에 해당됩니다. MS의 3개 사업 부문 매출은 약 1/3로 유사한 비중을 차지하고 있지만 전체적으로는

MS 사업 구성

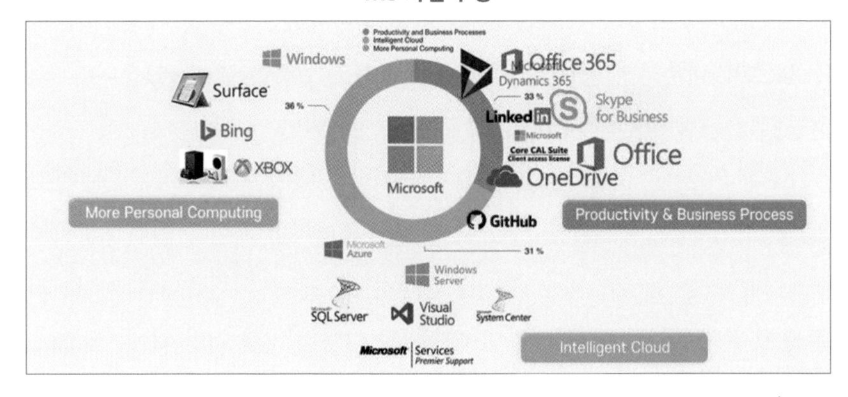

자료: MS

MS 사업 비중

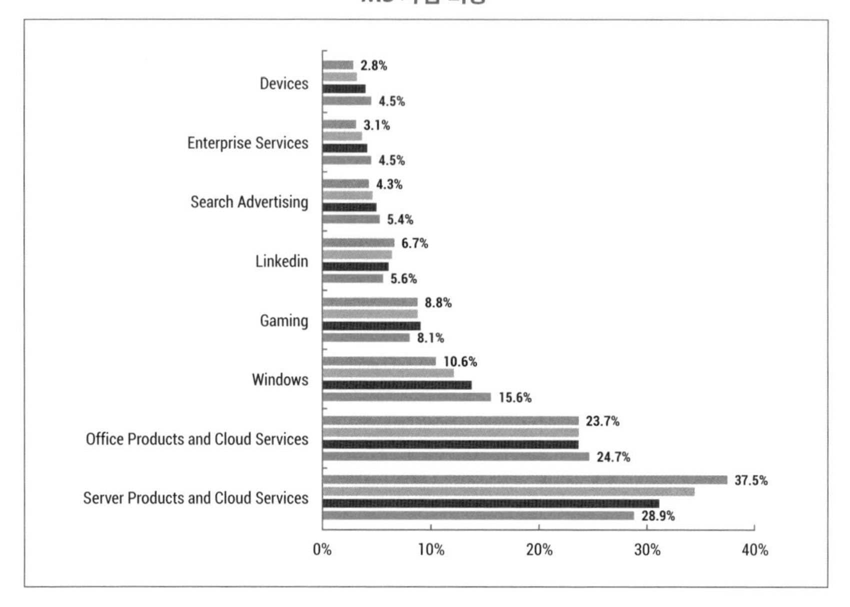

자료: 미래에셋증권

B2B(Business to Business) 비중이 높습니다.

또한 MS의 사업을 세분화해보면, HW인 디바이스 비중은 약 4.5%로 매우 낮으며, 대부분의 매출은 SW에서 발생하고 있음을 알 수 있습니다. 즉, MS는 B2B SW 중심의 사업구조를 가지고 있습니다.

MS는 2021년 11월 메타버스를 언급하며 사업을 본격화하고 있는데요, 연례행사인 이그나이트 컨퍼런스를 통해서 메타버스 구현을 위한 MS 솔루션을 제시하는 등 메타버스 시대를 준비하고 있음을 알렸습니다. MS는 기존에 보유하고 있는 클라우드, 인공지능 등 다양한 역량 기반 위에 MS 홀로렌즈 기기를 진화시키고, MS 메쉬(Mesh) 플랫폼을 활용해 다양한 분야에서

이그나이트에서 발표한 MS의 메타버스 솔루션

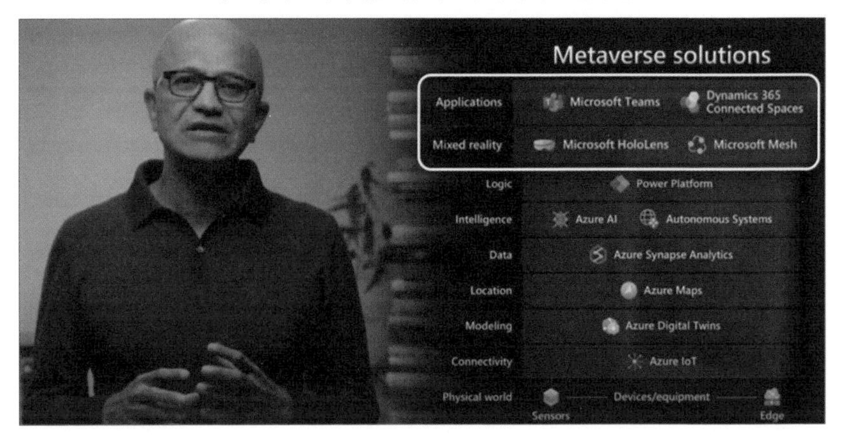

자료: MS

혼합현실(Mixed Reality) 서비스를 제공할 계획입니다. MS는 2021년 4월 미국 국방부에 25조 원 규모의 홀로렌즈2를 공급하는 대형 계약을 체결하기도 했습니다. B2G 시장에도 본격적으로 진출하고 있는 것이죠.

또한 현재 전 세계 2억 7천만 명이 사용하고 있는 협업 도구 MS팀즈(Teams)를 메쉬 포 팀즈(Mesh for Teams)로 업그레이드해 보다 많은 사람이 2D화면에서 벗어나 3D공간에서 협업하며, 몰입감과 공존감을 느끼면서 일할 수 있도록 지원할 전망입니다. 그리고 기존의 기업 관리 시스템인 다이나믹 365를 진화시킨 다이나믹 365 커넥티드 스페이스(Connected Space)를 출시해 기업들이 매장이라는 공간을 최적으로 분석하고 활용할 수 있도록 할 계획입니다.

MS는 자신의 사업구조가 B2B 중심임을 알고, B2C 부문을 강화하고 메타버스 경쟁력을 강화하기 위해 액티비전 블리자드를 83조 원에 인수한다

MS의 액티비전 블리자드 인수 효과

고 발표했습니다. MS의 액티비전 블리자드 인수는 메타버스 사업을 본격화하기 위한 승부수라고 할 수 있는데요, 실제로 MS CEO인 사티아 나델라는 액티비전 블리자드 인수를 발표하면서 "게임은 오늘날 모든 플랫폼에서 가장 역동적이고 흥미로운 엔터테인먼트 분야"라며 "메타버스 플랫폼 개발에 핵심적인 역할을 할 것"이라고 말했습니다. MS는 액티비전 블리자드를 인수함으로써 월간 활성 사용자 수(MAU) 4억 명과 다양한 게임 IP를 확보할 수 있습니다.

또한 최근 메타버스의 부상으로 개발자가 부족한 상황인데 액티비전 블리자드에 종사하는 우수한 개발자 1만 명과 관련 기술력을 확보할 수 있게 되었죠. 그리고 새로 확보한 게임들은 현재 2,500만 명이 사용중인 엑스박스 게임패스 이용자를 더욱 늘리는 데 기여할 전망입니다. 또한 클라우드 게임 저변확대로 인해 MS의 클라우드 사업과도 시너지가 생길 것으로 예측되고 있습니다. 이외에도 MS 이전부터 마인크래프트, 게임스튜디오 제니맥스 인수 등 게임 기업을 계속 인수하면서 메타버스 역량을 확보해왔습니다.

MS는 기존 B2B SW기업을 넘어 B2C, B2G 분야까지 사업을 확대하며 메타버스 시대를 준비하고 있습니다. 다만 홀로렌즈2는 한 대당 가격이 원화 기준 500만 원을 상회하기 때문에 대중화된 기기로 시장에 확산될 때까지는 시간이 걸릴 것으로 전망되고, 관련 콘텐츠도 다양하게 개발되어야 한다는 이슈가 남아 있습니다.

또한 액티비전 블리자드 인수를 발표했지만 규제당국의 인수심사가 원활하게 이루어질지도 확인이 필요한 사항입니다. 투자 측면에서 MS의 메타버스 변신 과정에 주목하고 MS의 새로운 시도가 실제 수익과 연결되는지 확인해가며 투자 비중을 조절해가시면 좋을 것 같습니다.

네이버의 메타버스·NFT 전략, 투자 시 고려사항은 무엇인가요?

네이버는 다양한 계열사의 역량을 집결해 메타버스 시너지를 확대하고 있습니다. 가상세계, NFT, 로봇 등 새로운 메타버스 영역으로 진출하며, 인터넷 시대 검색광고 기업을 넘어 메타버스 기업으로 변화중입니다.

디지털 트윈(Digital Twin)

컴퓨터에 현실 속 사물의 쌍둥이를 만들고 현실에서 발생할 수 있는 상황을 컴퓨터로 시뮬레이션함으로써 결과를 미리 예측하는 기술

네이버는 2021년 12월 네이버랩스를 통해 아크버스(ARCVERSE) 전략을 발표했습니다. 아크버스는 네이버랩스가 개발해온 인공지능(AI), 로봇(Robot), 클라우드(Cloud), 디지털 트윈(Digital Twin)* 기술을 기반으로 만들어진 세상(Universe)인데요, 아크버스라는 이름도 이 기술들의 앞 글자와 세상이 결합된 표현입니다(AI, Robot, Cloud & Digital Twin Universe).

아크버스를 발표한 이유는 현실과 가상세계를 연결해 다양한 가치를 창출하기 위해서인데요, 네이버는 현실과 같은 가상세계, 즉 미러월드(Mirror

World)를 만들기 위해 항공사진과 센서를 장착한 자동차가 도로를 주행하면서 정보를 수집하는 기술인 이동지도 제작 시스템과 저고도를 비행하는 드론이 수집한 데이터를 활용합니다. 이 기술의 총체를 어라이크(ALIKE) 솔루션이라고 합니다.

미러월드를 만들기 위해서는 실외뿐만 아니라 실내 공간 데이터 수집도 필요하겠죠. 이를 위해서 네이버랩스는 로봇을 활용하는데요, 다양한 로봇이 실내를 이동하며 공간 데이터를 수집하고 이를 전송합니다.

ARC 시스템은 현실과 미러월드를 연결하는데요, 여기서 인공지능, 클라우드, 5G 네트워크가 중요한 역할을 합니다. 도시 전체가 미러월드로 제작되고 현실과 연결되면 다양한 시뮬레이션을 통해 도시의 위험을 예측하기도 하고, 미러월드에서 자율주행을 학습한 자동차가 현실에서 운행되는 등 다양한 서비스를 개발할 수 있습니다. 네이버랩스는 현재 인천을 미러월드로 제작중이며 일본, 유럽으로 이를 확대해나갈 계획입니다.

네이버랩스에서 개발중인 로봇

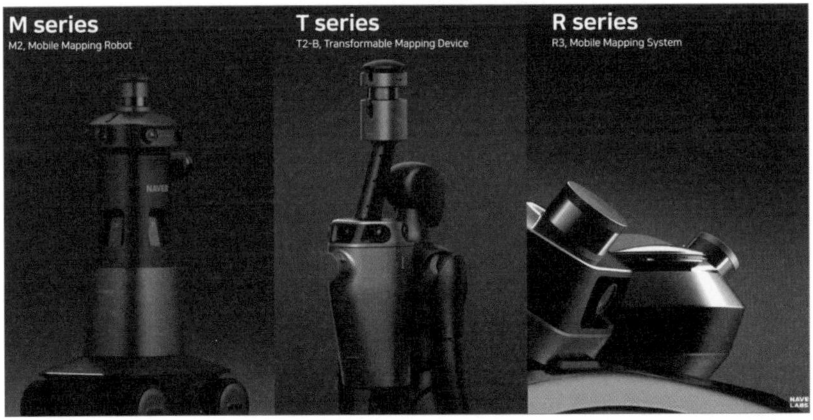

M series
M2, Mobile Mapping Robot
T series
T2-B, Transformable Mapping Device
R series
R3, Mobile Mapping System

자료: 네이버랩스

네이버 계열사들의 메타버스 사업과 시너지

자료: 네이버

네이버는 네이버랩스의 아크버스 외에도 자회사 네이버 Z가 만드는 가상세계 제페토가 전 세계 가입자 3억 명을 유치하는 등 빠르게 성장하고 있습니다. 또한 네이버 웹툰은 제페토와 협력해 웹툰의 다양한 등장인물들이 제페토 세상에서 활동할 수 있도록 한다는 계획입니다. 이외에도 네이버의 블록체인 사업을 총괄하는 네이버 라인, NFT 플랫폼을 준비중인 라인 넥스트 등 다양한 계열사들이 따로 또 같이 메타버스 사업을 추진하는 데 시너지를 내고 있습니다.

투자 측면에서 다양한 메타버스 형태를 아우르며 시너지를 창출중인 네이버에 주목할 필요가 있는데요, 아직은 대부분 사업 초기이다 보니 실제 수익을 창출하는 데까지는 시간이 소요될 것으로 보입니다. 네이버 제페토도 주목받는 메타버스 플랫폼이지만 적자를 벗어나지 못하고 있는 상황입니다. 네이버가 다양한 자회사들과 함께 메타버스를 수익모델로 연결해나갈지 주목하면서 메타버스 기업으로 변신하는 모습을 투자관점에서 지켜보면 매우 흥미로울 것 같습니다.

현대자동차의 메타버스·NFT 전략, 투자 시 고려사항은 무엇인가요?

현대자동차는 인공지능, 로봇, 자동차, UAM 등을 활용해 가상과 현실을 연결하는 메타모빌리티 기업으로의 변신을 준비하고 있습니다. 자율주행 기술의 성숙, 안전, 규제 등 앞으로 극복해나가야 할 이슈가 있으니 기회와 위협요인을 함께 고려해 현대자동차의 변신을 지켜보면 좋을 것 같습니다.

> **도심 항공 모빌리티(UAM)**
> 복잡한 도심 속에서도 활용이 용이한 비행형 이동 수단

현대자동차는 CES 2022에서 로보틱스와 메타버스를 결합한 메타모빌리티(Metamobility)라는 미래 비전을 공개했습니다. 메타모빌리티는 스마트 디바이스가 메타버스 플랫폼과 연결되어 인류의 이동 범위가 가상공간으로 확장된다는 의미입니다. 인공지능(AI), 자율주행 등 혁신 기술이 탑재된 자동차, 도심 항공 모빌리티(UAM: Urban Air Mobility)* 등 다양한 모빌리티가 메타버스 플랫폼에 접속하는 스마트 디바이스 역할을 할 것입니다. 물리적으로 이동하면서도, 동시에 이동하는 스마트 디바이스 안에서 가상공간으로의 접속을 가능하게 한다는 것이죠.

현대자동차의 메타모빌리티 예시

자료: 현대자동차

예를 들어 자동차가 메타버스 접속을 가능하게 하는 스마트 디바이스 역할을 하면 사용자는 자동차 안에 구현되는 실제 같은 메타버스 속에서 새로운 경험을 할 수 있습니다. 이동중인 자율주행차 안에서 아빠와 딸이 실제 화성에 있는 로봇이 스캔해 전송한 화성 표면의 데이터에 접속함으로써 메타버스로 구현된 화성에 가보는 경험도 가능해진다는 것입니다.

사용자의 니즈에 따라 자동차는 엔터테인먼트 공간이 되기도 하고, 업무를 위한 회의실이 되기도 하며, 심지어는 3D 비디오 게임을 즐기기 위한 플랫폼으로 변신할 수 있습니다. 또한 미러월드(Mirror World) 구현을 통해 가상 속 현실에 접속할 수도 있습니다. 사용자가 메타버스에 구축한 가상의 집에 접속하면 현실에서 동작중인 로봇과 상호작용하며 반려동물에게 먹이를 줄 수도 있겠죠. 사용자는 현실과의 동기화를 통해 마치 실제로 직접 행동하는 듯한 경험을 즐길 수 있습니다.

현대자동차는 물리적인 이동 측면에서도 진화를 계획하고 있습니다.

현대자동차가 구상하는 물리적 이동의 진화

자료: 현대자동차

집 안에서 퍼스널 모빌리티(Personal Mobility)를 타고 바로 건물과의 도킹(Docking) 시스템을 통해 밖으로 이동하고, 고속으로 이동할 수 있는 대형 셔틀(Shuttle)과 결합해 최종목적지까지 이동할 수 있는 새로운 경험을 준비하고 있습니다.

물리적 이동에 있어, 고객은 라스트 마일(Last Mile)에서 새로운 경험을 할 수 있습니다. 라스트 마일이란 이동, 물류 등의 분야에서 목적지에 당도하기까지의 마지막 거리나 서비스가 소비자와 만나는 최종 단계를 일컫는 말입니다. 가령 집에서 회사까지 이동할 때, 집을 나와 대중교통을 이용해 회사 근처 정류장까지 이동하는 거리가 퍼스트 마일(First Mile)이라면, 정류장부터 회사까지 남은 짧은 거리가 라스트 마일입니다. 이러한 물리적 이동을 하면서도 가상으로 자유롭게 원하는 다른 현실의 장소나 새로운 가상세계로 이동이 가능한 것이죠.

2010년에 사람들은 하루 24시간 중에서 10% 정도를 온라인에서 시간을 보냈습니다. 시간이 흘러 2021년에는 온라인 접속 시간이 38%로 늘어

온라인과 오프라인의 시간 소요 비중

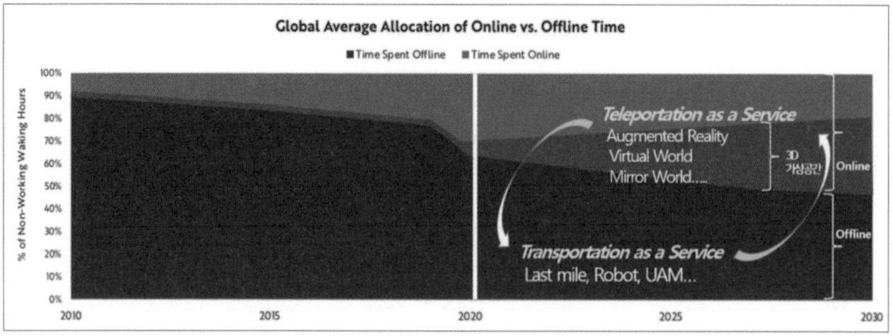

자료: ARK Investment 자료 기반 저자 재구성

났고, 2030년에는 52%로 증가할 전망입니다. 온라인에서 보내는 시간이 오프라인에서 보내는 시간보다 많아진다는 것이죠. 특히 우리는 온라인 3D 가상공간에서 아주 많은 시간을 보내게 될 것입니다.

앞으로 우리는 오프라인과 온라인을 오가며 살게 될 것이고, 오프라인에서는 다양한 트랜스포테이션(Transportation) 서비스를, 가상에서는 텔레포테이션(Teleportation) 서비스를 이용하며 가상과 현실이 융합된 이동(Mobility)을 하게 될 것입니다.

투자의 관점에서 현대자동차의 메타모빌리티는 중요한 의미가 있으며, 향후 현대자동차가 집중 투자할 로보틱스, 현대자동차 내 SW를 담당하는 현대오토에버 등에 관심을 가져볼 필요가 있습니다. 하지만 메타모빌리티의 완전한 구현을 위해서는 자율주행기술의 성숙, 중장기적으로 준비중인 UAM, 새롭게 부상할 안전·규제 등 극복해나가야 할 이슈도 있으니 기회와 위협요인을 함께 고려해 변신하는 모습을 지켜보며 투자를 구상하시면 좋을 것 같습니다.

글로벌 메타버스 기업들은 왜 LG이노텍을 찾을까요?

PC와 모바일 시대를 넘어, 메타버스 혁명의 시대가 열리고 있습니다. 메타버스 시대를 선도하는 메타(Meta), 애플, MS, 구글, 테슬라가 LG이노텍을 찾고 있습니다. 그 이유를 알아봅시다.

ToF(Time of Flight) 3D센싱 모듈은 피사체를 향해 발사한 빛이 반사되어 돌아오는 시간으로 거리를 계산해 공간을 입체감 있게 인식할 수 있게 하고, 피사체의 움직임을 파악할 수 있게 하는 부품입니다. 이 부품을 스마트폰, HMD 등 다양한 웨어러블 기기에 장착하면 공간인식, 움직임의 세밀한 측정이 가능해 다양한 메타버스 서비스를 제작함으로써 자율주행 등에 활용할 수 있습니다.

2021년 기준 세계 스마트폰 출하량은 13.5억 대로, 이 기기 안에 있는 카메라 모듈로 우리는 2D 사진과 영상을 촬영했습니다. LG이노텍은 카메라 모듈 분야에서 시장 점유율 25%로 세계 1위를 차지하고 있습니다.

모바일 혁명의 시대에 카메라 모듈이 모든 휴대폰에 들어가는 부품인

ToF 3D센싱 모듈 작동원리와 효과

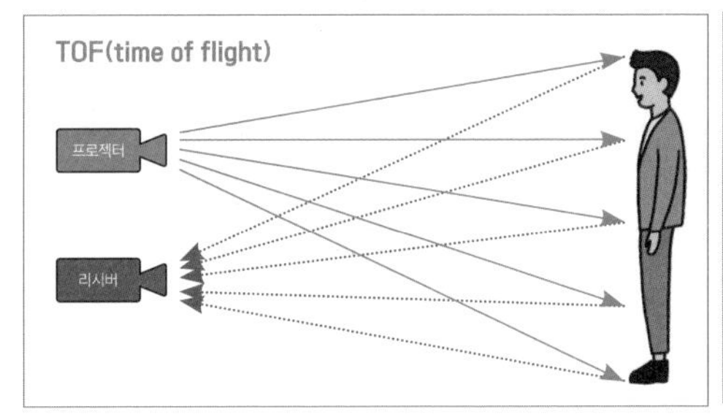

자료: LG이노텍

것처럼, 메타버스 시대에는 ToF(Time of Flight) 3D센싱 모듈이 핵심 부품 중의 하나입니다.

LG이노텍은 메타(Meta)의 메타 퀘스트2에 ToF 3D센싱 모듈을 공급중입니다. 메타 퀘스트2는 2021년 하반기 출시 후 1년 동안 1천만 대 넘게 판매되며 주목받고 있습니다. 캄브리아 등 후속 HMD가 출시 대기중이며, 향후 새로운 모델에도 공급될 가능성이 높습니다.

LG이노텍은 애플의 아이폰 12 고사양 모델, 아이폰 13 전 기종에 이미 ToF 3D센싱 모듈을 공급중이며, 무엇보다 많은 사람이 기대하고 있는 애플의 HMD, AR Glass 등 메타버스 기기에 공급할 것으로 전망되고 있습니다.

현재 애플 아이폰의 70%에 LG이노텍의 카메라 모듈이 공급중이며 이러한 협력은 메타버스 기기에서도 이어질 가능성이 높습니다. IT매체 맥루머스는 애플이 개발중인 AR·VR 헤드셋을 구동하게 될 새 OS '리얼리티(reality)OS'의 오픈소스 코드가 개발자 커뮤니티 깃허브에 유출되었다고 보도했습니다.

LG이노텍은 2021년 MS와 에저 클라우드용 ToF 3D센싱 모듈 개발 및

LG이노텍의 ToF 3D센싱 모듈

ToF Module

Time-of-Flight Module

적용분야

스마트폰 태블릿 AR/VR

자료: LG이노텍

공급 협력을 위한 양해각서(MOU)를 체결했습니다. 에저는 MS가 운영하는 클라우드 서비스로, 글로벌 시장 2위를 차지하고 있습니다. ToF 3D센싱 모듈과 에저는 MS 홀로렌즈 시리즈 등 메타버스 기기에 혁신을 담을 중요한 부품과 SW가 될 것입니다. MS는 LG이노텍에게 ToF 3D 센싱 기술개발에 필요한 HW 및 SW 기업고객으로 구성된 협업 체계(Azure ecosystem)를 지원합니다. 두 기업의 협력으로 3D 카메라를 활용한 다양한 애플리케이션 개발이 가속화될 전망입니다.

LG이노텍이 제공하는 아이폰 광학모듈

자료: LG이노텍

LG이노텍은 구글의 AR Glass 신제품에 탑재될 ToF 3D센싱 모듈 공급을 추진하고 있습니다. LG이노텍은 구글과 1년 이상 차기 AR 글라스 핵심부품 연구개발을 이어온 것으로 알려졌습니다. LG이노텍은 구글 픽셀폰 카메라 모듈 핵심 공급사로 수년 전부터 구글에 스마트폰용 카메라 모듈을 공급했습니다. 구글은 2013년 구글 글라스에 이어 2019년 구글 글라스 2를 선보인 바 있습니다.

또한 구글은 2022년 5월 '구글 I/O 2022' 컨퍼런스에서 새로운 구글 글라스 시제품을 공개했습니다. 이번에 공개한 구글 글라스는 실시간 번역 기능을 지원하고 있는데요. 안경을 끼고 있으면 상대방의 말이 번역되어 눈앞에 보이게 됩니다.

구글이 컨퍼런스에서 공개한 영상에는 영어를 못하는 중국인 엄마와 중국어가 서툴고 영어가 편한 딸이 등장해 구글 글라스를 착용하고 소통하는 모습을 볼 수 있습니다. 선다 피차이 구글 최고경영자(CEO)는 블로그를 통

구글 글라스 2

자료: 구글

구글 I/O 2022에서 공개된 구글 글라스 시제품

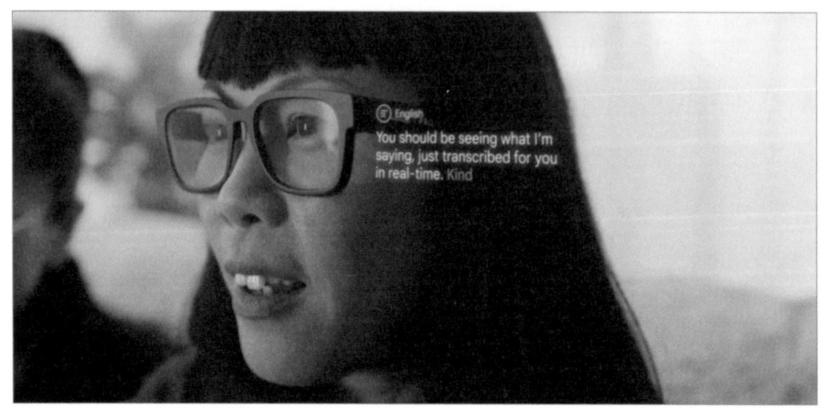

자료: 구글

해 구글 글라스 시제품은 착용자 시야에 언어를 전달하는 데 중점을 두며, 구글은 증강현실(AR) 기술 등에 막대한 비용을 투자하고 있다고 밝혔습니다.

LG이노텍은 현재 테슬라에 카메라 모듈을 공급중입니다. 테슬라의 전기차 출하 대수는 매년 증가중이며, 2020년 49만 대, 2021년 93만 대 이상 전기차를 인도했습니다.

메타버스 경쟁이 본격화되면서 관련 기기 출시와 판매 경쟁도 가속화될 것입니다. 글로벌 메타버스 선도기업의 핵심 부품 공급사가 된다는 것은 매우 중요한 의미가 있습니다. 시장 조사기관인 카운터포인트리서치에 따르면 2025년 메타버스 기기 수요는 1억 대를 상회하며 2021년 대비 약 10배 증가하고 2025년까지 연평균 82% 성장할 전망입니다. 메타버스 기기 경쟁에서 누가 승리하든지 뒤에서 웃을 수 있는 기업 LG이노텍을 관심 있게 지켜봅시다.

NFT 거품론을 어떻게 바라봐야 할까요?

NFT라는 이름만으로도 주목받고 가치가 있었던 NFT 시장에 이제 거품이 사라지고 있습니다. 시장과 투자자는 이제 NFT의 본질에 주목하고 있습니다. 단순한 픽셀의 소유를 넘어 왜 NFT를 가져야 하는지, NFT를 소유해서 어떠한 가치와 수익을 창출할 수 있는지가 중요해지고 있습니다.

가트너의 Hype Cycle은 기술의 성숙도와 성장주기를 이해하는 도구로 활용됩니다. Hype Cycle은 다음과 같이 5단계로 이루어집니다.

우선 기술 촉발(Technology Trigger)은 잠재적 기술이 관심을 받기 시작하는 시기, 기대의 정점(Peak of Inflated Expectations)은 초기 성공적 사례를 창출하는 시기, 환멸 단계(Trough of Disillusionment)는 제품 실패에 따라 관심이 줄어들고 성공사례에 투자가 지속되는 시기, 계몽 단계(Slope of Enlightenment)는 기술의 수익모델을 보여주는 좋은 사례들이 늘어나는 시기, 마지막으로 생산성 안정 단계(Plateau of Productivity)는 기술이 시장의 주류로 자리 잡기 시작하는 시기입니다.

2021년 가트너가 발표한 Hype Cycle에서 NFT는 기대의 정점에 있었던 만큼 2021년은 NFT의 해였습니다. 폭발적인 거래량, 늘어나는 암호화폐 지갑 수, 수억에서 수십억을 호가하는 NFT가 거래되었고 시장은 요동쳤습니다.

2021년 12월 NFT 플랫폼 니프티 게이트웨이에서 작가 팍(Pak)의 NFT 〈머지〉가 91,806,519달러(약 1,080억 원)에 판매되며 가장 비싸게 팔린 NFT로 등극했고, 비플의 〈Everydays: The First 5000 Days〉는 6,930만 달러(약 785억 원)에 거래되었습니다. 픽셀 그림이 1천억 원을 넘는 말 그대로 NFT 광풍이 몰아쳤습니다.

해가 바뀌고 2022년에 들어서면서 NFT 시장에 이상기류가 감지되고 있습니다. 구글 트렌드로 전 세계 기준 NFT를 검색해본 결과, 2021년 말 검색량이 100점으로 최고였으나, 이후 감소해서 2022년 5월 초 25점대로 하락했습니다.

검색량뿐만이 아닙니다. 〈월스트리트저널(WSJ)〉은 2022년 5월 3일 'NFT 종말의 시작인가?'라는 제목과 함께 NFT 거래가 급감했다고 보도했습니다. 2021년 9월 NFT 거래는 하루 평균 22만 5천 건에 달했지만 2022년 5월 기준 92%나 급감했고, 구매자가 NFT 작품을 보관하는 디지털

NFT 구글 트렌드 검색 결과(최고 검색량 100점 기준)

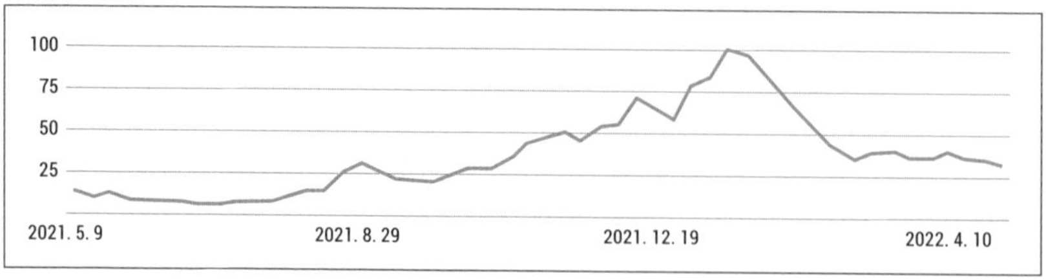

100
75
50
25
2021. 5. 9
2021. 8. 29
2021. 12. 19
2022. 4. 10

자료: 구글 트렌드

지갑 개수도 2021년 11월 119,000개에서 2022년 4월 말 기준 88% 하락했다고 언급했습니다.

2021년 3월 트위터 설립자 잭 도시의 최초의 트윗 NFT는 290만 달러(약 36억 8,445만 원)에 말레이시아 블록체인 사업가 시나 에스타비에게 판매되었습니다. 그러나 에스타비가 다시 이를 경매에 올렸을 때 응찰가는 1만 4천만 달러(1,778만 원)에 불과했고 경매는 유찰되었습니다. NFT의 가치가 폭락한 것입니다.

잭 도시의 첫 트윗

자료: 트위터

엎친 데 덮친 격으로 NFT 해킹도 발생했습니다. 2022년 3월, 돈 버는 NFT 게임(Play to Earn)의 선두 주자인 엑시 인피니티에서 대규모 해킹이 발생해 약 7,400억 원 규모의 손실이 발생했습니다. 이는 디파이(DeFi) 네트워크 해킹 중 역대 최대 규모이며, 이후에도 크고 작은 해킹이 발생하고 있습니다.

〈월스트리트저널〉의 기사 제목처럼 이제 NFT의 종말이 시작된 것일까요? 블록체인 데이터 분석 기업 체이널리시스(Chainalysis)는 〈월스트리트저널〉 기사에 대한 반박 자료를 제시하며 과장된 보도라고 언급하는 등 NFT 거품 논란에 대한 갑론을박이 있지만, 본질은 '갈 NFT는 가고 못 갈 NFT는 못 간다'는 것입니다.

첫 트윗의 NFT 가치가 35억 원에서 1,800만 원 이하로 하락했지만, 유가랩스(Yuga Labs)가 발행한 NFT인 BAYC(Bored Ape Yacht Club)의 가격은 2022년 5월 1일 기준 152이더리움(약 5억 6천만 원)으로 최고치를 경신했습니다. 1년 전 출시가(0.08이더리움, 30만 원)와 비교하면 무려 1,900배 급등했습니다. 유가랩스는 2022년 4월 30일에는 BAYC 테마의 메타버스 가상 토지를 사전 분양해 3억 2천만 달러(4천억 원)의 수익을 벌어들이기도 했습니다.

아디다스(Adidas)는 NFT 컬렉션 '메타버스 속으로(Into The Metaverse)'를 2021년 12월 17일 출시해 2,300만 달러를 벌었습니다. BAYC, 펑크코믹(PUNKS Comic), 지머니(gmoney)와 협업한 아디다스 컬렉션은 3만 점 NFT로 한정 발매되었습니다.

아디다스 NFT는 1건당 0.2 ETH로 '메타버스 속으로' NFT를 구매하면 실물 상품과 디지털 상품 모두를 소유할 수 있게 됩니다. 형광 노란색 파이어버드 트랙수트와, 펑크스코믹의 만화 속 인물이 입고 있던 후드티, 지머니의 오렌지색 비니 등이 포함됩니다.

또한 '메타버스 속으로' NFT 구매자는 아디다스가 구축중인 개방형 메타버스 공간 내 가상 토지 NFT와 메타버스 내 커뮤니티 활동에 참여할 수 있는 권리를 갖게 됩니다. 아디다스의 '메타버스 속으로' NFT 가격은 NFT

아디다스의 '메타버스 속으로' NFT와 가격변동(단위: ETH)

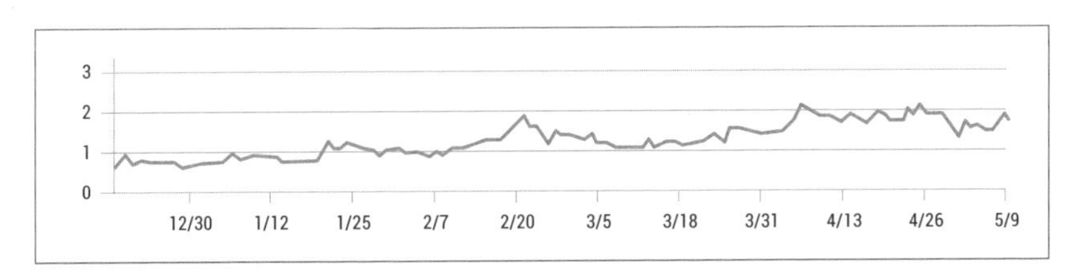

자료: 오픈씨

자료: 오픈씨

의 종말을 이야기하는 이 시점에도 초기 0.2 ETH에서 2 ETH 가까이 계속 상승중입니다.

유가랩스(Yuga Labs)의 BAYC, 아디다스의 '메타버스 속으로' NFT는 NFT 홀더에게 실질적인 가치를 제공하고 있습니다. BAYC NFT 소유자는 자신의 NFT IP로 다양한 창작활동을 통해 수익을 창출할 수 있고, 아디다스의 NFT 홀더는 가상과 실물을 동시에 소유하는 등 NFT를 지속 보유함으로써 향후 생길 수 있는 새로운 기회에 주목하고 있습니다.

NFT 시즌1에서는 NFT라는 이름만으로도 주목받고 가치가 있었으나 이제 거품이 사라지고 시장은 본질에 주목하고 있습니다. 단순한 픽셀의 소유를 넘어 왜 NFT를 가져야 하는지, NFT를 소유해서 어떠한 가치·수익을 창출할 수 있는지가 중요해진 것입니다.

댑레이더(DappRadar)의 재무이사 모데스타 마소이트(Modesta Masoit)는

"2022년 NFT 거래량 대부분은 BAYC 등 기존의 블루칩 프로젝트에서 파생되었다"며 "NFT가 많은 성숙 단계 중 하나로 진입하는 것으로 보인다"고 지적했습니다.

이제 NFT 시즌2가 시작되었습니다. 수많은 NFT에서 옥석이 가려지는 Hype cycle의 환멸의 단계를 지나는 동안 NFT 투자의 본질에 대해 한 번 더 고민해야 할 시점입니다.